JN084729

地域密着型金融の限界とフィンテック

加納正二 著

三恵社

はしがき

　本書の問題意識は「地域密着型金融の限界・問題点は何か」と「フィンテック時代の地域金融機関の生き残り戦略は何か」の2点にある。

　地域密着型金融とは地域金融の代表的なビジネス・モデルであり、リレーションシップ・バンキングと換言してもよいであろう。地域金融機関と中小企業が長期継続的なリレーションシップを構築することにより、情報の非対称性が緩和され、中小企業貸出の円滑化につながり、ひいては地域経済の活性化に結びつくというものである。しかし地域密着型金融には負の側面もある。特定の地域金融機関と中小企業の関係性が長くなることにより中小企業は他の地域金融機関から得られたかもしれない便益を見逃すことになったり、借入金利が高くなったりするホールド・アップ問題が危惧される。また同一の地域金融機関と長期継続的に取引している中小企業は、そうでない中小企業よりも成長性が高いというわけでもない。

　リレーションシップは永久的なものではなく、成長性の高い中小企業はメインバンクを変更する傾向がある。さらに一度リレーションシップを中断しメインバンクを変更した中小企業は再びメインバンクを変更する傾向が見られる。

　こういった地域密着型金融の限界・問題点について本書第2部で考察する。

　地域金融機関は（地理的な）地域を営業の範囲として（地理的な）住民を対象にしている。しかしフィンテックの普及により地理的なエリアという概念が消滅し、ネット上の住民をも含めて顧客とするならば、地域金融の大前提が根底から崩れることになる。しかも人口減少社会で地域経済の地盤は揺るぎ、低金利の影響もあり地域金融機関の収益は悪化の傾向にある。このように地域金融機関を取り巻く環境が大きく変化する中でフィンテック時代の地域金融の課題と今後の展望について考察するのが本書第3部のテーマである。

　第1部はフィンテックとの対比の意味において、そもそも銀行の機能とは何か、地域金融とは何かという金融および地域金融の基礎的知識の確認のために設けた。

　尚、筆者は現在、岐阜県の大学に勤務していることもあり地域金融機関の事例は中部地方のものを多く用いた。

　今年の暑い夏は父の三回忌である。脳梗塞で倒れ十余年もの間、半身不随で寝たきりの生活を強いられた父であった。父の介護のため大阪を離れ故郷へ戻ってきて豊かな自然に囲まれた暮らしを送るようになったが、さすがに今年の酷暑で緑の葉が茶色に変わった庭木もある。畑の野菜も元気がない。被災地の復興と枯れそうな植物に再び活力が戻ることを祈りながら。

　2018年夏　父の三回忌の日
　　　　　　　　亡父が使っていた自宅書斎にて　　　　　　　　　加納正二

目次

第1部

地域金融入門

金融とは、資金を貸し手（黒字主体、資金余剰主体）から借り手（赤字主体、資金不足主体）へ融通することである。金融取引の特徴として、金融取引開始時と取引完了時（返済）までの期間が非常に長いということがある。

コンビニで500円払って弁当を買うという取引の場合、（特に食べ物に異物があったなどの問題がなければ）その場で取引終了である。しかし設備資金の借入や住宅ローンなどは非常に長い期間かかる。そのため不確実性が存在する。

こうした金融取引の特徴から、情報の非対称性という問題が重要になってくる。

経済学では市場メカニズムに基づく完全競争市場を下記のような条件をすべて満たすときとしている。

① 多数の買い手と多数の売り手

② 同質的な生産物

③ 自由な参入、自由な退出

④ 生産資源の自由な移動

⑤ 完全な情報

ところが、上記⑤は必ずしも満たされていない。一般に財を購入する際、売り手と買い手では売り手のほうが商品知識は豊富である。現実に買い物をする際には、買い手は事前に広告や当該商品を使用したことのある知人から情報を収集したり、店員に尋ねたりして商品知識を得るであろう。

商品情報は売り手にはあるが、買い手にはない、すなわち情報が偏在しているということである。これを情報の非対称性という。

銀行が企業へ貸出を行う際、情報の非対称性があるため借り手のプロジェクトの内容がわからない。そのため銀行は「情報生産」を行い、情報の非対称性を緩和する。

第1部は地域金融初学者を対象とした入門編である。第1章は金融の基礎知識、銀行の機能・歴史について確認し、第2章では地域金融の基礎的知識について解説する。

第1章

金融の基礎知識と銀行の機能・歴史

1. 情報の非対称性

たとえば企業は設備資金として銀行に 1 億円の借入を申請したとしよう。しかし銀行にはその設備投資の具体的な内容、採算性などは全くわからない。

むろん企業のプロジェクトの内容がわからないゆえに銀行は貸出を拒絶するというわけではない。実務では貸出審査（スクリーニング）を行い貸出の可否および貸出の条件を判断する。すなわち企業から財務諸表等、審査に必要な書類を入手し、また企業の担当者からプロジェクトについてヒヤリングし、情報の非対称性を緩和しようとする。この貸出審査を学問的には情報生産という。

日本の銀行と企業の関係は長期継続的であることが多い。貸出は単発で終わるわけではなく、繰り返されることが多い。貸出実行までの事前の情報生産を審査というのに対して貸出実行後の情報生産活動をモニタリングという。

2. 情報の非対称性が緩和されない場合の問題点

表 1 は情報の非対称性が緩和されず、そのまま存在している場合、逆選択が発生する例を示す表である。議論を単純化するために財務内容が良好な優良企業とそうではない非優良企業の 2 種類に企業を分類する。

表 1　逆選択の例

	リスク	貸出金利 1	貸出金利 2	結　果
優良企業	低い	低い	中間	市場から退出
非優良企業	高い	高い	中間	市場に残る

優良企業はリスクが低い。従って本来は低い貸出金利が適用されるべきである。逆に非優良企業はリスクが高く、貸出金利は高く設定されるはずである。ところが（貸出審査をせずに）情報の非対称性が存在するままの状態であれば、適正な貸出金利 1 がわからない。

そこで、両者ともに高い金利でも低い金利でもない中間の貸出金利 2 をつけたとする。優良企業は不満を持ち退出するであろう。これは一企業と一銀行の取引が解消されるだけではなく、優良企業が企画していたプロジェクトも埋没するおそれがある。これに対して非優良企

業は市場に残るであろう。これは資源配分の非効率を意味し、好ましい状態ではない。これを逆選択と呼ぶ。企業経営者が銀行に無断で借入金の使途をリスクの高いプロジェクトに変更してしまうようなモラルハザード（倫理の欠如）も情報の非対称性が引き起こす問題である。

3. 直接金融と間接金融

金融はガーレイ＝ショーによって直接金融と間接金融の2種類に大別されている。

直接金融では最終的貸し手と最終的借り手が直接に資金の貸し借りを行う。最終的貸し手の資金と交換に企業に代表される最終的借り手が発行する借用証書を本源的証券という。具体的には株式や社債である。

これに対して間接金融は最終的貸し手と最終的借り手の間に金融仲介機関（銀行）が介入する。最終的借り手の企業が銀行に対して発行する本源的証券が借入債務証書であり、銀行が最終的貸し手（家計を想定）に発行する間接証券が預金証書である。

4. 銀行の機能

銀行は預金を預かり貸出を実行している。このことはどのような役割を持つことになるのであろうか。銀行の機能には次のようなものがある。

① 情報生産機能：情報の非対称性を緩和するために情報生産を行う。

② 資産変換機能：

取得した本源的証券（借入債務証書）の特質を間接証券（預金証書）の特質に変換する。貸出審査が通ると銀行は多くの預金者から預かった預金をもとに企業に対して貸出を行う。もし私たち預金者それぞれが企業に直接にお金を貸すと、預金者がリスクを負担することになるが、銀行が、預金者の代わりにリスクを負担していてくれることになる。これが「リスク負担機能」である。

期間は短く、金額（ロット）は小さい「預金」を長い期間、大きな金額の「貸出」に換える「資産変換機能」でもある。

③ 決済機能

銀行に預金があるということは決済手段があることになる。決済とは、経済取引で発生した債権・債務を対価の支払いによって完了させることである。コンビニで500円の弁当を買って500円の現金を払うことは経済用語では決済ということになる。現金で払うだけが決済ではない。

銀行の預金から電気代や携帯電話の料金が口座振替で引き落としになること、クレジットカードの料金が引き落としになることもすべて決済という。

これらは、家計の身近な例であるが、企業では手形・小切手の支払いが当座預金から行われる。一部の銀行が経営破綻し支払決済機能が滞ると他の銀行に波及し支払機能全体が麻痺する危険性（システミック・リスク）が生じる。

④ 貨幣供給機能、信用創造機能

銀行が信用供与（貸出）を通じてマネーをつくりだすメカニズムを信用創造という。
銀行に預けられた預金は企業への貸出となる。仮に A 銀行の預金は 100 あるとしよう。この預金を本源的預金と呼ぶ。

確率的にはまず起きない現象であるが、預金者が全員、A 銀行の窓口に来て預金の払い戻しを要求した場合、もし 100 の預金全額を貸出していた場合、対応が困難になる。そこで準備金として一部を手元に残し、残りの預金を貸出にまわすことにする。仮に、この準備の割合を 10%とするならば A 銀行は 10 を準備にし、90 を企業 X に貸出すことになる。

企業 X が 90 の借入をもとに設備投資を行い、収益をあげ、その収益は B 銀行の預金として 90 預け入れられるとする。B 銀行は準備 9 を残して 90×90%＝81 を企業 Y に貸出する。企業 Y は B 銀行から借入した資金で設備投資をする。設備投資は収益を生み出し、そのお金は C 銀行に預金 81 として預入する。C 銀行は準備 8.1 を残して、81×90%の 72.9 を企業 Z に貸す。

この繰り返しで、銀行組織全体で乗数倍の預金（派生預金）を生み出すことになる。これを「信用創造機能」もしくは「貨幣供給機能」という。ちなみにこのときの預金（本源的預金＋派生預金）の合計額は

$100+100×0.9+100×(0.9)^2+100×(0.9)^3+\cdots\cdots=100×1/0.1=1000$ になる。

このとき 1/0.1=10 を信用乗数という。

銀行は貸出行動を通じて、日本の貨幣供給量、つまりマネーサプライにも影響を及ぼすことになる。

銀行の機能を銀行の存在意義と考え、これらの機能を他の産業（フィンテックベンチャーなど）が代替できるならば銀行の存在意義が揺らぐことになる。

5. プルーデンス政策

システミック・リスクを防ぎ、支払決済システムを円滑に機能させることが銀行・企業・経済社会全体にとって大切である。

このため信用秩序の維持を目的として銀行を規制する政策がある。これをプルーデンス政策という。プルーデンス政策には事前的措置と事後的措置がある。

事前的措置には自己資本比率規制と金融当局による検査・監督がある。自己資本比率規制は BIS 規制とも言われ、金融当局が銀行に対して経営改善命令などの早期是正措置を行うものである。国際基準行は 8%以上、国内基準行は 4%以上の自己資本比率を維持することが義務づけられている。

貸借対照表（略して B/S とも書く）は、その左側には資産を、右側には負債と自己資本を

貨幣価値で記入する財務諸表である。負債は自己資本に対して他人資本とも呼ばれる。また自己資本は純資産ともいう。

　銀行の貸借対照表において、貸出は資産の部に計上される。製造業の貸借対照表のように資産の部に土地・建物が大きなウエイトを占めるケースと異なり、銀行における資産の部の主役が貸出であるということはイメージしにくいかもしれない。

　表 2 に某地方銀行の貸借対照表の抜粋を示す。資産の部では貸出が、負債の部では預金がその殆どを占めるということが理解できよう。

表 2　某地方銀行貸借対照表の抜粋（平成 30 年 3 月 31 日現在）

単位：百万円

資産の部	金額	負債の部	金額
貸出金	4,042,114	預金	4,909,330
有形固定資産	32,291	その他	474,825
その他	1,598,708	純資産の部	288,958
資産の部合計	5,673,113	負債及び純資産の部合計	5,673,113

　事後的措置には預金保険制度、公的資金注入、日銀のラスト・リゾート機能がある。

　預金保険制度は万が一、銀行が経営破綻した場合、預金者は一人一行について 1000 万まで預金が補償される制度である。

　ラスト・リゾート機能は中央銀行の最後の貸し手機能である。日本銀行が自らの判断で金融機関に無担保無制限の貸出を行うことで、通常、日銀特融と呼ばれる。1997 年に山一証券が日銀特融を受けている。

6.　日本的経営とメインバンクシステム

　かつて、わが国では護送船団方式と呼ばれる金融行政が行われていた。大蔵省を中心とした金融行政である。大蔵省の英訳は Ministry of Finance であるため略して MOF と呼ばれた。現在、大蔵省はなくなり金融庁がある。護送船団の本来の意味は、戦時中、民間の商船を武装した軍艦が守りながら一団で船を進めてゆく意である。むろんこれは比喩である。軍艦は大蔵省、数多くの商船は銀行のことである。

　一団となって軍艦（大蔵省）に守られながら（規制を受けながら）、商船（銀行）は進行方向へむかって進んでゆく。商船（銀行）が脱落しないように進むスピードはもっとも遅い商船（銀行）の速度（経営能力）にあわせる。従って商船（銀行）どうしが競争するなどということは厳禁である。

　この時代は銀行不倒神話があった。銀行を倒産させないためには銀行どうしが競争しないことである。競争制限されていたので、預金金利はどの銀行も同じであったし、銀行店舗の新

たな出店に対しても厳しい規制があった。

　護送船団方式では早いスピードを出せる船も軍艦の見守りで枠にはまった動きしかとれず速度を落として航行した。そのため体力のある銀行はレント（超過利潤）を手に入れることができた。しかし、国際的な競争力を身につけることができなかった。

　地域の金融システムでは、地方銀行は一県一行主義がとられ、市場が分断されていた。参入規制、業務分野規制、金利規制など様々な競争制限的な政策が行われていた。

　高度経済成長時代の金融システムはメインバンクシステム（メインバンク制度）である。システムや制度と呼ばれるが、暗黙契約であって明示契約ではない。慣習といったほうが正確かもしれない。メインバンクの概念についても正確な定義はない。企業に対してもっとも影響力のある主たる銀行とされ、具体的には、取引銀行の中で貸出額が最大の銀行、決済口座を持つ銀行、様々な取引をしている銀行、株式の持ち合いをしている銀行、銀行員が派遣されている銀行などをさす。

　株式持ち合いとはメインバンクが取引先企業の株式を所有し、企業もメインバンクの株式を所有することをいう。敵対的買収から企業を守るための措置である。

　メインバンクは企業と長期継続的関係にあり、高度経済成長期に旺盛な企業の投資意欲を支えるためにはメインバンク関係が企業にとって重要であった。また企業が窮地に陥った際にはメインバンクによる救済融資が期待された。また終身雇用や年功序列賃金を特色とする日本的経営はメインバンクシステムと制度的補完の関係であったといえよう。長期継続的関係は日本の経済システムの特徴の一つであった。

7.　ビッグバン

　護送船団方式でわが国は金融行政を行ってきたため、日本の銀行は国際的な競争力をつけることができなかった。東京は国際的な金融市場ではなく、むしろアジアの他の都市のほうが活発であった。そこで打ち出されたのがビッグバンである。1996 年橋本内閣により日本版金融ビッグバンが行われた。大規模な金融制度改革は宇宙開闢にちなんでビッグバンと呼ばれている。ビッグバンの 3 原則は free：市場原理が働く自由な市場、fair：透明で信頼できる市場、global：国際的な市場、である。

8.　金融政策

　今日の金融政策は異次元緩和とか量的質的緩和（QQE：Quantitative-Qualitative Easing）と言われている。黒田日銀総裁が導入時の会見で「これまでとは次元の異なる金融緩和」と発言したため異次元緩和とも称される。まず「これまで」の伝統的な金融政策についてまとめておこう。

①公開市場操作

　現代日本の金融政策の中心的な手段である。日銀が主に短期金融市場を通じて民間銀行に

資金を供給する手法である。

　金融緩和の際は、日銀は民間銀行から短期国債や手形などの短期証券を購入する（買いオペ）。短期証券の購入代金として日銀から民間銀行に資金が供給され、短期金融市場における金利も低下する。民間銀行は企業に低利の貸出が可能になる。

　金融引き締めの際は、この逆の動きになり、日銀に資金が吸収され金利も上昇する。

②貸出政策（公定歩合操作）

　かつては代表的な金融政策であったが、現在では、公開市場操作を補完しコールレートの上限を画す役割にとどまっている。公定歩合の正式名称は「基準割引率及び基準貸付利率」に変更された。

③預金準備率操作

　民間銀行は預金の引き出しに備えて一定割合（準備率）を準備預金として日銀に預入することが義務になっている。この預金者保護の制度を金融政策として用いるものである。

　預金準備率の変更は1991年が最後で、それ以降実施されていない。規定以上の準備を民間銀行は抱えているのが近年の実態である。

　短期金利（コールレート）を操作目標にする伝統的な金融政策は、金利がゼロに近い特殊な状況では機能しない。金利がゼロに近いと通貨で所有しようとする。これを「流動性の罠」と呼ぶ。こうした状況でデフレに対処するため非伝統的金融政策が行われるようになった。

　2001年3月の量的緩和政策では操作目標が無担保コールレートから日本銀行当座預金残高になる。金利ではなくお金の量を操作目標にした。

　2012年、日本再生をテーマとする第二次安倍内閣が発足し、三本の矢（アベノミクス）が打ち出された。①大胆な金融政策、②機動的な財政政策、③民間投資を喚起する成長戦略である。アベノミクスの第一の矢である「大胆な金融政策」を受けて、2013年4月に日銀は、次のような量的質的緩和を導入した。

　①　インフレ目標：2年程度で2%のインフレを実現するという目標を掲げた。
　②　量的緩和：金融政策の操作目標を短期金利から日銀が供給する資金の量に変更した。
　③　資産購入：
　　　非伝統的な長期国債やリスク資産（株式上場投資信託（ETF）、不動産投資信託（REIT））
　　　を大量に購入し、これらの残高を2年で2倍にするとした。

第2章

地域金融・中小企業金融の基礎知識

1. 地域金融の概念

　まず地域金融という概念について考えてみたい。

　「地域金融」に明確な定義があるわけではないが、1990年金融制度調査会の報告書『地域金融のあり方について』では、地域金融を「地域（国内のある限られた圏域）の住民、地元企業および地方公共団体等のニーズに対する金融サービス」と定義している。

　地域金融とは地域＋金融と解釈することができるが、果たして地域の金融という概念が存在するのであろうか。そもそも経済学における完全競争市場では、多数の買手と多数の売手、生産資源の自由な移動、プレイヤーの自由な参入・自由な退出、完全な情報等が前提条件とされている。カネは自由に流れることにより効率的な資源配分が達成できるのである。従って、特に規制されていない限りわが国の金融は全国市場であるはずであり、「地域」は存在しないことになる。株式市場がその例として思い浮かべることができるであろう。それでは、銀行の貸出市場についてはどうであろうか。もし、銀行の貸出市場が全国市場であるならば、貸出金利に地域格差は生じ無いはずである。しかしながら、銀行実務家の間では、低金利の地域を指し示すものとして、「名古屋金利」、「京都金利」という言葉がしばしば用いられ、貸出金利が全国一律ではなく、名古屋のような貸出金利が顕著に低い地域が存在することは銀行関係者の間では常識とされている

　加納（2003a）による業種別実効貸出金利の考察では、京都の製造業の貸出金利は、全国平均からの乖離幅は縮小してはいるが、全国平均よりも依然低く推移している。一方、他の業種の実効貸出金利では全国平均よりもかなり高い水準のものも存在することが明らかになった。

　Kano and Tsutsui（2003a,b）は、わが国の貸出市場が分断されていることを示したものである。各銀行の貸出金利を、各県を表すダミー変数に回帰する方法とボンフェローニの多重比較で47都道府県の比較組み合わせを1081通り（$_{47}C_2 = 1081$）行い、貸出金利の水準を比較し、都道府県の貸出金利に有意な差があることを示した。さらに、借り手、貸し手、市場、地域特性を考慮したモデルを構築し、借り手の質、地域の産業構成、貸出サイズ、中小企業向け貸出比率、銀行の規模、貸出需要、貸出供給、地域の競争状況を説明変数として貸出金利の分析を行い、信用金庫の貸出市場は県別に分断されており、地方銀行については、市場分断はあったとしても弱いものであることを示している。

　このように、貸出市場は地域により分断されており、我々は間接金融において地域の金融と

いうものを前提として議論する必要があるということになる。

2. 中小企業金融の概念

　次に中小企業金融という概念を考えてみよう。これも明確な定義があるわけではないが、文字通り解釈するならば、中小企業に対する金融ということになる。

　それでは中小企業とは何かということになるが、中小企業基本法では、資本金、従業員数によって業種ごとに中小企業を定義している。すなわち、卸売業では、資本金 1 億円以下または従業員 100 人以下、小売業では、5000 万円以下または 50 人以下、サービス業では 5000 万円以下または 100 人以下、製造業その他では、3 億円以下または 300 人以下である。

　この定義に従うとわが国の 99％以上の企業が中小企業ということになる。ただし、一般に中小企業という用語が使われる場合、必ずしも厳密にこの定義に従って使用しているとは限らず、大企業ではない企業、あるいは、資本市場で自由に資金調達することができない非公開の企業という漠然としたニュアンスで使用することも多い。

　研究者が実証分析を行う場合には、資本金や従業員あるいは年商などで制限をかけて、サンプルを特定し、論文中で独自に「中小企業」と定義することもある。いずれにしても、情報の非対称性の度合いの大きい企業と言えよう。情報の非対称性とは借り手の状態について、借り手自身はよく知っているが、貸し手は借り手ほどには情報を所有していないことを指す。

　中小企業に対する金融が問題となるのは、この情報の非対称性の度合が、中小企業は大企業よりも大きいという点にある。経済学における完全競争市場では、完全な情報等が前提条件とされているが、中小企業は不透明性が高く、完全な情報とは言いがたいのである。

　地域金融と中小企業金融は異なる概念であるが、中小企業の多くは資本市場など全国市場で資金調達が困難であり、間接金融への依存度が非常に高く、結局のところ地域分断された貸出市場で資金調達せざるを得ないのが実情である。地域における個人や地方公共団体に対する金融を除外し、企業に対する金融に限定して考えるならば、地域金融と中小企業金融には重なる部分も多い概念ということになる。

　金融自由化の波が押し寄せるまで、わが国の銀行行政は護送船団方式と呼ばれ、銀行不倒神話が存在していた。金融が自由化していないため、どこの銀行もほぼ同質の商品の競争を行っていた。高度成長が終わり、安定成長の時代に入ると企業の資金需要が低迷し、また金融自由化の流れの中で、大企業は資本市場からの資金調達を進め、大企業の銀行離れが進むようになった。それを補うために、都市銀行は中小企業に目を向けるようになったのである。そのため、地域金融機関も含めて中小企業への貸出競争が激化した。銀行間の貸出競争が激化し、一見、中小企業の資金地調達は円滑化したかのように見えても、常に中小企業は資金のアベイラビリティの問題を抱えていた。事実、その後 1980 年代後半のバブル、1991 年バブル崩壊、不良債権処理がわが国の重要な問題となるという時代の流れの中で、1998 年頃には、「貸し渋り」、「貸し剥がし」などの言葉が聞かれるようになるほど、中小企業の資金調達は困難を極

める時代になったのである。

　金融ビッグバン以降も地域の金融市場においては、必ずしも競争が促進されたというわけではない。しかも、地域金融機関は、収益性や効率性など経済合理的な行動のみならず、地域貢献という地域社会における役割も期待されている。このような状況下、限られたエリアの中で、地域金融機関と中小企業はどのような関係にあるのか考察することは地域金融・中小企業金融において重要な意味を持ってくる。

3.　情報の非対称性と中小企業金融の円滑化

　中小企業は資金調達円滑化、資金のアベイラビリティという問題に常に直面している。その大きな理由は、中小企業が大企業に比して情報の非対称性の度合が大きいということにある。公開企業の財務諸表のように公認会計士監査が義務付けられているわけでもなく、中小企業会計の適正さの確保は常に課題とされている。また経営者自身が企業の財務状況を正確に把握できていなかったり、内部の帳票類が完備していなかったりする場合もある。

　さらに、中小企業でこのような定量的な情報（ハード情報）に関する資料が完備していないことのみならず、企業経営者の資質が中小企業経営に大きく影響すると考えられているが、金融機関がこのような企業の定性的な情報（ソフト情報）を入手し、経営状況を外部から判断するには困難が伴う。このことは銀行の貸出審査において、大企業の貸出審査よりも中小企業の貸出審査のほうが困難を伴い、コストがかかることを意味する。ひいては、中小企業貸出が敬遠され、中小企業の資金調達の円滑化が進まないことになる。それでは、中小企業金融の円滑化には、どのような手法が考えられるであろうか。

　中小企業と銀行のリレーションシップという観点から考えてみたい。リレーションシップとは銀行と企業の親密な関係を指す。親密な関係とは銀行と企業の長期継続的関係や多面的な取引などを示す。リレーションシップの二つの要素は、時間と範囲と考えられる。前者は顧客と銀行の取引の期間（duration）で示される（Wood (1975)）。後者は銀行から顧客に提供されるサービスの幅、すなわち範囲（scope）と考えられている（Hodgman (1963)）。したがってリレーションシップの強さの程度も、期間と範囲で測定されることが多い。

　リレーションシップ貸出（relationship lending）は、銀行と企業の親密な関係を通じて、企業の定性的な情報（ソフト情報）を銀行が吸収、蓄積し、情報の非対称性を緩和し、エージェンシーコストを引き下げる貸出手法と言える。このことが、中小企業金融の円滑化に結びつくと考えられる。

4.　中小企業に対する貸出手法

　わが国で中小企業に対する貸出手法、貸出技術について学界で考察されることは従来殆どなかった。わが国で中小企業に対する貸出手法に関する研究が始まる契機となったのは、2003年の金融審議会報告書「リレーションシップバンキングの機能強化に向けて」の発表と考えら

れる。

　リレーションシップバンキングというのは、この報告書の発表以降、わが国の実務界、学界に普及した言葉であるが、産学官によって、かなりその意味合いが異なる。欧米論文に登場する relationship lending はリレーションシップバンキング、リレーションシップレンディング、リレーションシップ貸出など様々な訳が充当されているが、本章では、リレーションシップ貸出の語に統一し、金融行政で用いるリレーションシップバンキングとは異なる概念とする。わが国のいわゆるリレバン行政の内容については、ここで述べるリレーションシップ貸出よりも広義の概念である。

　欧米の先行研究では、リレーションシップ貸出を貸出手法の一つとした上で、そのメリット・デメリットの分析、金融機関の組織やソフト情報との関連でリレーションシップに関する研究が行われている。

　中小企業の貸出手法について、**Berger and Udell (2002)**の分類を紹介しよう。**Berger and Udell (2002)**では、貸出手法をまず、リレーションシップ貸出と取引ベースの貸出の二つに大別し、取引ベースの貸出は、財務諸表準拠貸出、資産準拠貸出、クレジットスコアリングの3種類に分かれるとしている。結局、貸出手法は4種類に分かれていることになる。

　リレーションシップ貸出は、銀行と企業の多面的かつ長期継続的な取引を前提とし、その親密な取引関係の中から、銀行は企業のソフト情報を吸収・蓄積し、貸出審査に活用し、情報の非対称性を緩和すると考えるものである。したがって情報では、定性的なソフト情報が重視され、借り手は中小企業、貸し手は中小金融機関とされている。これに対して、取引型貸出は、スポット取引を前提とし、財務諸表など定量的なハード情報にウエイトがあり、借り手は中堅・大企業、貸し手は大銀行と考えられている。

表1　中小企業貸出手法の分類と特徴

大分類	小分類	銀行の規模	企業の規模	情報
リレーションシップ貸出	リレーションシップ貸出	中小銀行	中小企業	ソフト情報
取引ベースの貸出	財務諸表準拠貸出	大銀行	中堅・大企業	ハード情報
	資産担保貸出			
	クレジットスコアリング			

出所：Berger and Udell(2002)等をもとに筆者作成

　米国論文では、リレーションシップ貸出を4種類の貸出手法の中の一つとして論じているが、わが国の貸出手法は4種類に分かれているというよりも、新たに台頭してきたクレジットスコアリングを除く、財務諸表準拠貸出、資産担保貸出、リレーションシップ貸出の3手法を融合した手法で中小企業に対する貸出審査を行なってきたと考えることができる。ただし、ここで言う、資産担保貸出とは、不動産担保貸出のことを指す。在庫等の動産を担保にする動産担保貸出 ABL（Asset Based Lending）は最近登場した新しい貸出手法である。

そもそも、わが国において、銀行と企業が長期継続的関係にあるのは、一般的に見られる商慣習であり、わが国では、この関係が30年、50年と続くのが珍しくないからである。これに対して米国では継続的関係と言っても、たかだか数年程度なのである。

　このことは、ハード情報の財務諸表を入手するのにも、ソフト情報を入手するにおいても、わが国では銀行と中小企業の長期継続性が大前提となっていると考えられるということである。

　わが国の金融の特徴の一つとして不動産担保貸出があり、バブル崩壊後の不良債権の発生にはこの不動産担保貸出が多かったことが原因の一つと考えられているように、わが国の貸出手法は大企業も中小企業も不動産担保貸出、財務諸表準拠貸出を行なっており、さらに、それらを長期継続的に行なってきた貸出と言えるであろう。

　長期継続性を前提とするわが国では、長期継続的なリレーションシップ貸出という特別な貸出手法があると考えるのではなく、むしろソフト情報をどの程度重視した貸出を行っているかを考察することのほうが重要であろう。

　クレジットスコアリングは、新たに登場した貸出手法であり、個々の貸出案件を個別に審査するものではなく、ポートフォリオ全体のデフォルト率をもとに審査を行うものである。IT技術の進歩とともにコンピュータにより迅速な審査が可能になった。中小企業にDMを送り無担保で貸出契約に結びつけ中小企業貸出を伸ばした銀行もあったようだが、従来の貸出手法とは異なる独立した別の貸出手法と考えられる。

　これらをまとめると、Berger and Udellが考える米国の分類とわが国の伝統的な中小企業貸出の分類とは異なるものとして表2のようにまとめられるであろう。

　長期継続性がごく一般的なこととして前提とされている、わが国の中小企業貸出において重要な点はリレーションシップ貸出という特別な貸出手法が存在すると考えることでも、長期継続性の期間を問題にすることでもない。重要な点は、中小企業のソフト情報を銀行がいかにして、どの程度、吸収・蓄積し、情報の非対称性を緩和し、貸出審査に反映させているかという点にある。

表2　中小企業貸出手法の日米比較

Berger and Udell 大分類	Berger and Udell 小分類		筆者による日本の分類
リレーションシップ貸出	リレーションシップ貸出		日本の伝統的貸出
取引ベースの貸出	財務諸表準拠貸出		
	資産担保貸出	不動産担保貸出	
		動産担保貸出	日本の中小企業貸出の新潮流
	クレジットスコアリング		

出所：Berger and Udell(2002)等をもとに筆者作成

ソフト情報という言葉がわが国で広まったのは最近のことであるが、貸出審査における定性情報の重要性はすでにかなり以前から指摘されており、「ソフト情報」という言葉として用いられていたわけではないが、決して新しい概念というわけではない。

　表2に見られるように日本の中小企業貸出は長期継続的に行われ（リレーションシップ貸出）、なおかつ財務諸表に準拠し、かつ不動産担保を徴求していた。さらに人的保証を要求していた。

　このことから金融庁は「平成28事務年度金融行政方針」では、金融機関に対して、担保・保証に過度に依存することなく、取引先企業の事業の内容や成長可能性を適切に評価（「事業性評価」）するよう促している。

　さらに、十分な担保・保証のある先や高い信用力のある先以外に対する金融機関の取り組みが十分でないために、企業価値の向上が実現できず、金融機関自身もビジネスチャンスを逃している状況（「日本型金融排除」）が生じていないかについて実態把握を行うとしている。

　また、金融機関が、企業の事業内容を深く理解することなく、「十分な担保・保証があるか」、「高い信用力があるか」等の企業の財務指標を中心とした定型的な融資基準により与信判断・融資実行をすることで、そうした基準に適う一部の企業に対して融資拡大への過当競争が行われているのではないか、という指摘もあると述べている。

5.　貸出審査におけるソフト情報の歴史

　そもそも情報生産は金融仲介の機能とされるものであり、銀行の情報生産については、多くの文献がある。Aoki（1994）は貸出実行の時間軸において、事前、期中、事後の3種類のモニタリングという概念を提示し、これらは独立したものではなく相互に関連した情報生産であることを示している。

　このモニタリングから得られた借り手企業の情報は、定性情報と定量情報に大別することが可能であろう。Berger and Udell（2002）をはじめとするリレーションシップ貸出の文献では、前者をソフト情報、後者をハード情報という語彙を用いることが多い。本章でもその語彙に従うことにする。

　モニタリングの際、中小企業に対する場合には、ハード情報のみならず、ソフト情報が重要になる。そこにリレーションシップ貸出の特徴が見られるとされる。すなわち、長期継続的・多面的な取引関係の中で、銀行に中小企業のソフト情報が入手・蓄積され、情報の非対称性の緩和に有効であるとするものである。

　ソフト情報という言葉がわが国で広まったのは最近のことであるが、貸出審査における定性情報の重要性はすでにかなり以前から指摘されており、決して新しい概念ではない。しかしながら、銀行の情報生産に関する文献は多いが、わが国の具体的なソフト情報の生産については、多くの研究が行われているわけではない。まず、わが国における従来からある伝統的な中小企業に対する貸出審査とはどのようなものであったかを実務家向けの書物から考察してみ

たい。

　リレーションシップ貸出やソフト情報という言葉が使用される以前から、銀行は定性情報を貸出審査の重要項目としていた。このことは金融実務家が著した金融実務家向け書物に示されている。

　プールで泳ぐのと海や川で泳ぐのは、水の中で遊泳するという点では同じだが、実態はまったく異なる。地域金融を机上で論ずることと現実の実務には大きな乖離がある。

　学生は「経営分析」を机上で学び、何々比率や何々回転率の計算方法を覚え、健康診断の指標のように、計算した数値が企業の健全な範囲内にあるかどうかを学んでゆく。

　しかし、現実は二つの点ですぐにそのようにはならない。

　まず、企業の財務諸表は自由自在に入手できるというものではない。銀行員は新たな貸出先を開拓することを常に求められている。取引のない企業の決算書は簡単に手に入らない。企業側から借入の申し出があったのであればともかく、渉外係の行員が新規貸出先開拓のために企業に財務データ提出を依頼しておきながら、財務分析した結果お貸しできませんとは言いづらい。従って取引のない企業に財務諸表の提出を銀行が依頼する場合には、ある程度貸出可能である目途が立っていないと企業との間でトラブルになる危険性がある。

　第二に決算書を入手できたとしても信憑性のあるものばかりとは限らない。粉飾決算がされている場合もある。財務諸表はまず粉飾を見破るところから始まる。

　現在、金融庁では決算書に頼らない「事業性評価融資」を進めている。

　「ソフト情報」や「事業性評価融資」という言葉を昔は使用しなかったであろうが、「決算書に頼らない融資」は昔から銀行員が行ってきたことなのである。

　東海銀行（現在三菱 UFJ 銀行）行員の依馬安邦が著した『企業観相術』（初版昭和 41）は決算書なしに企業の信用を、「見ること、聞くこと」によって判定する実践的な書物としてベストセラーになり、銀行だけでなく他産業でも研修用に活用された。

　東海銀行は都市銀行であるが、この書で対象とされているのは主に中小企業への貸出であるから地域金融の貸出に関する書物と理解してもよいであろう。

　この書の中で依馬は「バランス・シートに頼りすぎるな」「実際に自分の眼、自分の耳で、見たり聞いたりして判断するしかない」という言葉を残している。貸出現場の行員の間で先輩から後輩へ実践的な教訓として長い間伝えられ、いわゆる「目利き」の養成が行われてきたのである。

　依馬（1986）では、ソフト情報の入手が必要になる場合として、以下のようなケースを挙げている。もっとも、江馬（1966、1986）や他の実務家向けの文献では、「ソフト情報」という言葉が用いられていたわけではない。

　①中小企業（決算書の信憑性に問題がある）

　②取引のない企業の新規開拓（当然、財務諸表が入手できない）

　③取引があっても資料提出に積極的ではない企業

④ハード情報の補完（粉飾が行われていないかの確認）

　これらのことから1966年当時でも決して、定性情報の吸収・蓄積に金融機関は関心がなかったわけではないことが理解できる。しかし、ソフト情報は、今日、わが国で議論されているものとは、ややニュアンスが異なることがわかる。すなわち、決算書を入手できない新規先の企業の融資セールスや、粉飾決算のチェックが重要な位置を占めていることがわかる。都市銀行の研修用テキストに用いられていたことからも理解できるように、決して、地域金融機関だけの貸出手法ではないことがわかる。また、たとえ、帳票が完備されていたとしても企業は金融機関に積極的に資料の提出を行うとは限らないことも金融実務の現実であることが示されている。

　通商産業省編（1976）では企業経営に影響を与えるが数字に表れない定性要因を指標化して企業の経営力を評価する試みが行なわれ、民間金融機関のみならず、すでに通商産業省でも企業の定性情報把握に関する取り組みが行われていたことがわかる。

　大野（1987）では、財務面と非財務面は相互に様々な因果関係をもち、有機的関連を考慮に入れた財務分析こそが精緻で充実した企業実態の把握に繋がるとしており、企業の質的側面の調査項目として、以下のようなものを挙げている。

　①経営者・経営陣（人物、経歴、後継者等）、②資本関係、③業種業態（市場占有度、季節変動、業界慣習）、④系列関係、⑤従業員（従業員構成、従業員の質・教育、職場の雰囲気等）、⑥組織（組織の適否、管理力）、⑦物的設備、⑧生産（所有技術、品質等）、⑨購買・仕入、⑩販売（販売経路等）、⑪所有不動産（主要不動産の時価、担保設定状況等）。

　2004年に大阪府の金融新戦略検討委員会（委員長：橋本介三大阪大学教授、副委員長：筆者）で行なわれた「大阪における中小企業金融の実態に関するアンケート調査」によれば中小企業が金融機関に対して自社の評価してもらいたいと考えている部分は、「技術やノウハウ」（74.3%）「顧客基盤や供給体制」（71.9%）、「経営者の資質」（70.7%）といった数字に表れない定性情報が上位を占めた。

　このような中小企業のアンケート調査結果に基づき、大阪府商工労働部金融室（2004）では中小企業の事業性評価項目として①市場・顧客（市場競争力、市場の将来性等）②実施体制（開発推進体制、技術技能の水準の現状・管理体制、生産体制、営業体制、物流・在庫の管理体制等）、③経営者資質・経営体制全般（現状分析と改善活動、組織体制の構築、後継者育成、人材育成、経営者の実行力等）等の定性情報を示し、中小企業の財務指標に示されない事業の成長性を評価すべきとし、大阪府金融新戦略検討委員会では定性情報をいかに貸出審査に盛り込むかの工夫を行っている。詳細は、大阪府商工労働部金融室のHPを参照されたい。

　これを受けて、大阪府では、「成長性評価融資」と称する貸出を開始した。これは、中小企業・個人事業主の事業計画の成長性を専門家集団である評価委員会が評価し、成長性が見込まれた場合、融資を行うものである。

　ポスト金融新戦略は2007年「新たな中小企業金融のあり方研究会（座長：筆者）」に引き

継がれた。

　詳細は、大阪府商工労働部金融室（2006、2007）、もしくは大阪府商工労働部金融室のHPを参照されたい。また、大阪府の中小企業金融新戦略に基づく貸出の具体的事例は（財）大阪産業振興機構（2007）に示されている。

　高橋（2006）では、融資先の実態把握ということで、「目利き」の必要性を強調し、「目利き」のポイントとして、①経営者の評価、②事業素質の評価、③債務の償還能力とキャッシュフローの検証、④ROAの評価の4点を挙げている。「目利き」というのは、2003年の金融審議会報告書の中で用いられて以来、使われるようになった言葉であるが、貸出審査能力の向上を述べたものである。

　これらをまとめると、ソフト情報の貸出審査における位置づけは以下のように整理できるであろう。

　高度成長時代には、銀行の営業店内では、渉外係と融資係に分かれていた。渉外係は預金獲得が重要で、融資に対しては積極的な姿勢であった。これに対して、融資係は融資に対して牽制的な機能を担うという体質であった。この時代の定性情報とは、定量情報の補完、修正、また究極的には粉飾の発見・未然防止を目的とするものであったと思われる。あるいは、財務諸表を分析、保全を検討するために不動産担保の評価、保証人、経営者の人物評価、財務諸表に示されない企業の成長性の考慮、決算書発表までの時間的なズレを補完するものとしての定性的な情報として認識されるであろう。

　その後、日本経済が高度成長時代から安定成長へ移行するにつれ、資金需要が低下し、また金融自由化の流れの中で、資金調達が多様化し、いわゆる銀行離れが進むと、地域金融機関のみならず、都市銀行も含めてすべての銀行の着目するのは中小企業となった。大企業の銀行離れで「貸出セールス」という姿勢に変化し、行員教育として面談や観察から、貸出の新規先（大企業のみならず中小企業もその対象として）を発見する手段としてのソフト情報の重要性が認識されるようになった。

　しかし2003年以降、リレーションシップ貸出という考え方の普及とともにソフト情報そのものを貸出審査に活用する考え方が出てきたと言えよう。これは、金融庁（2003）に示されるように、「中小・地域金融機関においては、事業の将来性に関する「目利き」を養成し、将来性ある事業に対してリスクに応じて融資を行うこと（融資審査能力の向上）」や担保や保証に依存しない貸出が求められたことが大きく影響していると思われる。また、不良債権処理が一段落し、景気回復とともに貸出競争が激化し、さらにクレジットスコアリングのような新たな貸出手法が台頭し、限定された地域に拘束されない貸出競争が激化してきたことが原因と思われる。

　リレーションシップ貸出には、多面的および長期継続的な取引から得られたソフト情報を貸出審査に反映させると考えられるが、ソフト情報の貸出審査における位置づけの歴史的推移から見るならば、ソフト情報は次の二つの考え方が可能であろう。

①ソフト情報がハード情報を補完し、より正確なものに確認・修正するもの、あるいは極端な場合は、粉飾決算の発見という意味も含むと考えるもの。すなわち、「ソフト情報→ハード情報→貸出審査」と考えるものである。

　②ソフト情報そのものが貸出審査に影響を与えるという考え方。つまり、「ソフト情報→貸出審査」と考えるものである。

　金融実務家の貸出審査に関する書物から推測するならば、以前は①の考え方であったが、リレーションシップ貸出の考え方が普及するにつれて②の考え方も登場してきたと思われる。

　金融庁「平成 26 事務年度　金融モニタリング基本方針」で金融機関は企業の財務データなど過去の実績や不動産担保、保証人に必要以上に依存することなく、企業の事業内容と成長可能性など将来まで含めた事業性評価に基づく融資や助言を行うことが重点施策として取り上げられた。事業性評価には定性情報（soft information）から企業の実態を把握することが求められる。決算書、担保、保証に頼らず、企業の事業性・成長性を見極め、貸出を行う。このような能力を持つ目利きを育成し、地域金融機関の目利き力を高めることが大切だ。

　このようなことを口で言うのは簡単だ。そもそも金融は不確実性の世界でリスクをいかにコントロールするかで成り立っているビジネスである。目利きを育てるためには銀行の体質、組織風土そのものを変える必要がある。銀行は第 1 章で述べたように護送船団方式で規制に縛られながら生きてきた業界である。

　ビッグバン以降も他の業界に比べれば金融業界は規制が多い。BIS 規制のように監督官庁が経営の傾いた企業にイエローカードを出す業界は金融業界以外にはないであろう。

　また金融庁から出される指針は結局のところ、銀行を横並び体質にしてきた。銀行人事は減点主義になりがちだ。アントレプレナーシップを持った人材は地域金融機関には集まりにくい体質にある。

　今後は目利きとしてイノベーティブな人材を外部から起用する必要があろう。実際にベンチャービジネスを立ち上げたような起業家に地域金融機関の審査部で働いてもらうという手法もあるだろう。

6.　アベイラビリティ

　中小企業にとって常にアベイラビリティの確保が重要問題となるのはなぜであろうか。

　まず情報の非対称性の問題がある。情報の非対称性の度合は一般的に大企業よりも中小企業のほうが高い。

　上場企業は情報開示が義務づけられ、財務諸表は公認会計士が監査したものであるため信憑性が高い。これに対して中小企業の財務諸表は信憑性が低くなる。

　情報の非対称性を緩和するためにソフト情報を蓄積して審査に臨むことが必要となり、審査コストが上昇することになる。

　次に規模の経済性の問題がある。銀行にとっては大きな金額の貸出案件のほうが規模の経

済性が働き効率的となる。そのため銀行は貸出額の小さい中小企業よりも貸出額の大きい大企業の貸出を好むことになる。ただしこの議論にはリスク分散という観点は考慮していない。

7. 中小企業金融を円滑に進める仕組み

　中小企業金融を円滑に進めるには審査コストを低く抑えることが肝要になろう。そのためにはリレーションシップバンキングに力を入れたり、中小企業金融専門の金融機関や公的金融機関を設けたりする手法があろう。

7.1 審査コストを低く抑える

　中小企業の情報の非対称性を緩和して審査コストを低下させるためにソフト情報の蓄積に金融機関は心がける。そのためには銀行と中小企業のリレーションシップを高めたり、地域コミュニティにある情報を活用したりする工夫を行う。

7.2 中小企業金融専門の金融機関

　中小企業金融を専門とする金融機関を設け、リレーションシップを高めソフト情報の蓄積を行うことにより情報の非対称性を緩和し審査コストを低減させ、中小企業金融を円滑化する。

　中小企業金融専門の金融機関とは具体的には信用金庫、信用組合などをさす。信用金庫の制度についての説明を一般社団法人全国信用金庫協会の HP から要点を引用したものが下記である。

「信用金庫は、会員制度による協同組織の地域金融機関です。制度・運用の面で、株式会社の銀行と異なる独自の性格を備えています。信用金庫は、一定地域内の中小企業者や地域住民を会員としています。融資対象は会員の方を原則としていますが、会員以外の方への融資も一定の条件で認められています。一方、預金は会員以外の方でもご利用いただけます。
① 会員資格　信用金庫の営業地域にお住まいの方・お勤めの方・事業所をお持ちの方は、会員になることができます。ただし、個人事業者で常時使用する従業員数が 300 人を超える場合、また、法人事業者で常時使用する従業員数が 300 人を超え、かつ資本金が 9 億円を超える場合には、会員となることができません。
② 営業地域　信用金庫の営業地域は一定の地域に限定されており、地域で集めた資金は地域に還元されています」

　この HP の説明からも明らかなように信用金庫は取引先企業が成長し、この規定を超えるサイズに成長した企業に対しては貸出を行うことができなくなる（実際は卒業金融というアローアンスがある）。まさに中小企業のための金融機関なのである。

7.3 公的金融

金融に政府介入が認められる根拠は二つある。

① 効率性

情報の非対称性が大きい中小企業には信用割当が起きやすい。これは社会にとって有益なプロジェクトが埋没する危険があり、非効率な状態といえる。

このような場合、効率性のために政府が関与することが認められる。

② 安定性

金融市場は、急激で異常な価格変動が生ずる場合がある。その際、金融市場を安定化させるために政府介入が正当化される。

公的金融として、(1)信用補完制度と(2)政府金融機関の二つの形態を示す。

(1) 信用補完制度

この制度は、各地の信用保証協会が、民間銀行が貸出を行う際に信用補完を行うものである。銀行から中小企業が借入を行う際、信用保証協会が借入債務の保証を行う。

信用保証協会の保証があることで、銀行が中小企業への貸出を行いやすくし、中小企業金融の円滑化に資するというものである。

貸出を実行するのは信用保証協会ではなく、銀行である。企業は銀行に借入利息を支払い、保証協会には信用保証料を支払う。万が一、企業が銀行に対して借入を返済できなくなった場合、保証協会は銀行に対して元金および利息を一括して代位弁済する（実務では略して代弁ということが多い）。保証協会は求償権を得、銀行に代わって中小企業から債権の回収を行う。

現行の信用補完制度の柱は一般保証とセーフティネット保証の二つある。

一般保証は融資額の 80％を保証し、20％を金融機関が負担する責任共有制度である。これは金融機関が事業性評価有融資やモニタリング、経営支援を行うインセンティブが低くなるなどのモラルハザード（副作用）が生ずるリスクを防ぐためである。ただし小規模事業者や創業者等に対する保証は 100％保証である。

セーフティネット保証は自然災害時や構造不況業種を対象に、一般保証とは別枠で融資額の原則 100％を保証する。

信用補完制度は平成 30 年 4 月 1 日から見直し後の制度がスタートした。

見直しの主旨は中小企業がライフステージの様々な局面で必要とする多様な資金需要や大規模な経済危機、災害等により信用収縮が生じた場合における資金需要等に一層対応できるように、適用期限を区切って迅速に発動できる新たなセーフティネットとして危機関連保証を創設した。また信用保証への過度な依存が進むと金融機関にはモラルハザードが生じるリスクがあるため、信用保証協会と金融機関が連携して中小企業への経営支援を強化することとした。

信用保証協会と金融機関との連携を法律上に位置づけ、中小企業のそれぞれの実態に応じ

て、プロパー融資（信用保証がついていない融資）と信用保証付き融資を適切に組み合わせ、信用保証協会と金融機関が柔軟にリスク分担を行ってゆく。中小企業に対する経営支援業務を信用保証協会の業務として法律上に明記し、信用保証協会の経営支援の取り組みを着実に進める。

(2) 政府系金融機関

　中小企業金融は情報の非対称性のため市場が不完全になりがちである。よって効率性の観点から政府関与が正当化され公的金融の存在意義もそこにあるとされる。

　公的金融では民間の銀行では採算にのらないような情報生産のコストを負担して中小企業金融の円滑化を図ることが期待される。

　また上述のように地域の貸出市場は分断されており、地域によって貸出金利の高低がある。公的金融は中小企業にとってアベイラビリティの確保という点のみならず、全国一律の貸出金利で対応するという利点もある。

　しかし、その一方で公的金融による救済的な融資に関する否定的な次のような意見もあることを記しておこう。

① 市場から退出すべき非効率な企業が温存されてしまう可能性がある。このことは産業構造の転換が遅れ、経済の活力が低下することを意味する。
② そもそも日本の中小企業は借入過多である。ちなみに名古屋の企業は一般的に自己資本比率が高く安全性が高いと言われる。
③ 公的金融による低利の融資は民間銀行のビジネスチャンスを脅かし民業圧迫につながる。

　日本政策金融公庫は国民生活金融公庫、農林漁業金融公庫、中小企業金融公庫という 3 つの政府金融機関を統合して 2008 年に設立された政府金融機関である。国民生活一般、農林漁業向け、中小企業向けの融資を中心事業としている。2011 年の東日本大震災を契機に危機対応という役割が注目されるようになった。金融に政府関与が認められる根拠の一つである安定性の観点が被災により高まったと言えよう。

第 2 部

地域密着型金融の限界と問題点

　地域密着型金融とは銀行と中小企業が長期的・多面的なリレーションシップを構築し、中小企業金融の円滑化を図り、また地域を活性化するシステムで、リレーションシップバンキングとも言えよう。しかし、このようなプラスの局面ばかりではない。第 2 部では地域密着型金融の限界と問題点について実証分析を行う。

　第 3 章ではリレーションシップを終了しメインバンクを変更する非上場企業の特徴を分析する。分析の結果、成長性が高く、操業年数が短く、企業規模が小さく、メインバンクのパフォーマンスが低く、取引銀行数が多く、当該地域の銀行間競争が激しいという特徴をもった企業がメインバンクを変更する傾向にあることがわかった。

　第 4 章ではリレーションシップの数、すなわち取引銀行数がどのように決まるか要因分析を行う。第 5 章ではリレーションシップの継続度が高い地域は貸出金利が高い地域を形成しており業態によってはホールドアップ問題が起きている可能性を示唆している。

　第 6 章は地域密着型金融が必ずしも中小企業を成長させているわけではないことを示している。いずれも帝国データバンクのデータを用い、同一非上場企業の 10 年後、20 年後を追跡調査した分析である。第 3 章、第 4 章、第 5 章は全国のデータを用いた分析で、第 6 章は静岡県のケーススタディである。

　これらの分析からは地域密着型金融が必ずしも中小企業を成長させているとは限らず、地域密着型金融の負の側面が垣間見られる。

　フィンテック到来により地理的エリアに拘束されないネット上の住民を巻き込んでの地域金融の競争が始まった。第 3 部でフィンテック時代の地域金融について論じる前に、第 2 部では、地域密着型金融それ自体に限界があることを示す。

第3章

リレーションシップはなぜ変更されるのか

1. はじめに

　わが国の中小企業においてはメインバンクを持つのはごく一般的であり、中小企業と金融機関のリレーションシップの継続期間の平均は 30 年ぐらいで、他の欧米諸国の平均が 10 年前後であるのに比して遥かに長く、むしろリレーションシップが中断する場合に注目することにより、わが国独特のリレーションシップバンキングの考察を行うことが重要と考えられる。

　わが国においては、都銀・地銀・第二地銀・信金・信組の 5 業態が中小企業の貸出市場に参入している。リレーションシップバンキングが地域金融にとって有効なビジネスモデルと言われるが、必ずしも長期継続的に中小企業は金融機関と取引をしているわけではなく、金融機関との取引は中断し、様々な業態へ取引金融機関は変更されてゆく。これは日本の中小企業金融の特徴の一つであろう。

　それ故、本稿では中小企業と金融機関とのリレーションシップが中断し、変更される場合、すなわちメインバンクの変更という現象が生じた非上場企業に着目し、1980 年から 2000 年の長期的な推移について同一非上場企業を追跡調査し、メインバンクを変更した非上場企業の特徴について probit model による実証分析を行う。

　さらに非上場企業がどの業態からどの業態へメインバンクを変更したかについても考察する。これらの分析を今後のわが国の地域金融のあり方を考える一助としたい。

　本稿の構成は以下の通りである。2 節では金融機関と企業の関係に関する先行研究の紹介と論点整理を行う。3 節ではデータの説明を行い、予備的考察を行う。4 節では probit model のモデルと説明変数について示し、5 節ではその推計結果とメインバンクの変更状況を示す。6 節では、リレーションシップを再度変更する企業について言及し、7 節は結びにあてられる。

2. リレーションシップの期間に関する先行研究

　本章ではリレーションシップの期間、すなわち金融機関と中小企業の取引期間に着目し、分析期間に中小企業がメインバンクを変更せずに継続した割合（逆はメインバンクを変更した割合）で示すことにし、メインバンクを変更した非上場企業の特徴について考察する。

　そもそも、企業と金融機関との取引期間はどの程度の長さなのであろうか。表 1 は、先行研究における企業と金融機関の取引年数を比較した表である。わが国では中小企業庁編（2004）

が中小企業とメインバンクの取引年数を示しているが、従業員 20 人以下の企業については34.8%が 30 年〜50 年の取引があり、51 年以上の取引も 3.9%存在する。これに対して従業員 301 人以上の企業では 47%が 30 年〜50 年の取引があり、51 年以上の取引も 19.9%あり、米国のリレーションシップの期間よりもはるかに日本の場合は長いことがわかる。

　リレーションシップ貸出のためのソフト情報の収集・蓄積に超長期の期間が必要とは言い難い。銀行と企業の長期的関係を説明する経済的理論にはリスク・シェアリング仮説などがある。しかし日本のリレーションシップ貸出が諸外国に比して超長期の関係にあるのは経済合理的理由だけではなく、日本の不動産担保制度と関連があると思われる。江戸時代からの不動産担保の商習慣が特に地方で顕著であり、またそのような歴史的経緯のみならず、根抵当権・銀行取引約定書というような法律面での制度が銀行と中小企業の超長期にわたるリレーションシップを支えてきたと言えよう（詳細は加納（2009）を参照されたい）。

表1　銀行との平均取引年数

国名	年数	文献
米国	7.03	Cole(1998)
米国	9.01	Blackwell and Winters(1997)
米国	10.8	Petersen and Rajan(1995)
イタリア	14.0	Angelini et al.(1998)
ドイツ	22.2	Elsas and Krahnen(1998)
ベルギー	7.82	Degryse and Van Cayseele(1998)

　リレーションシップの期間と貸出金利に関する先行研究の分析結果は３種類ある。

　すなわち、取引期間と貸出金利に有意な正の相関があるとするもの（Greebaum et al. (1989)、Sharpe (1990)、Degryse and Van Cayseele (2000)）、有意な負の相関があるとするもの（Boot and Thakor (1994)、Berger and Udell (1995)、中小企業庁編 (2003)）、有意な関係が見られないとするもの（Petersen and Rajan (1994,1995)、Elsas andKrahnen (1998)）である。

　正の相関はホールドアップ問題の存在を示唆し、負の相関はリレーションシップバンキングが借り手にとって benefit をもたらしていると言えよう。地域やサンプルによってかなり異なった結果が生じていると思われ、リレーションシップの期間と貸出金利の関係には曖昧な部分が残されている。

　銀行とのリレーションシップの中断、すなわち取引銀行の変更に着目した研究には次のようなものがある。Ongena and Smith (2001) では、ノルウェーの上場企業のデータを用いて、リレーションシップの値打ちは時間の経過とともに下がり、企業はリレーションシップが成熟してくると銀行から離れてゆく傾向があり、小規模で収益性が高く、借入依存度が高く、複数の取引銀行がある企業は、リレーションシップの期間は短いとして、ロックイン問題の存在

に疑問を投げかけている。また企業が取引銀行を変更する際にはより規模の大きな銀行へ変更する傾向があることも示している。

日本の上場企業を対象にしたメインバンク変更要因の分析に堀内・福田（1987）があるが、1967-72年度と78-83年度を分析対象期間として、メインバンク変更の要因を推計する変数として、主要銀行の要因、メインバンク変更の経歴、企業の成長、企業の業績にかかわる不確実性の要因を変数として probit model による分析を行っているが、前者の時期には、過去のメインバンク変更が有意、後者の時期には主要銀行の系列下にある企業の割合が有意、企業の成長率はいずれの時期にも有意、企業の経営業績の不安定性は有意ではないという結果を得ている。なお堀内・福田論文における主要銀行とは上位都市銀行と興業銀行のことをさす。また企業の成長率には、企業の有形固定資産の増加率の期間平均値を用いている。

加納（2002a）では、わが国の貸出金利の高い上位3県と低金利上位3県の非上場企業をサンプルとして選び、1980-1990年、1990-2000年のそれぞれの期間におけるメインバンクを変更する非上場企業の特徴を分析している。その結果、1980-1990年の期間においては、資本金が伸びている非上場企業ほどメインバンクを変更している傾向が見られたが、上位の業態にメインバンクを変更しているという傾向は見受けられなかった。また両期間とも操業年数は負で有意な変数であった。すなわち業歴の浅い若い非上場企業ほどメインバンクを変更する傾向にあることがわかった。さらに、この傾向は上位の業態に変更する際に有意であり、成長性の高い、若い企業は上位の業態へメインバンクを変更してゆくことがわかった。また1980-1990年の時期のメインバンク変更の履歴は有意に1990-2000年の時期のメインバンク変更に影響を及ぼした。高金利3県と低金利3県のメインバンク継続率を比較すると、高金利県のほうが、メインバンク継続率が高く、非上場企業と金融機関の関係はより固定的という状況が見られ、ホールドアップ問題が示唆される結果であった。

3. データおよび予備的考察

3.1 データ

本分析ではサンプルとして、1980年版、1990年版さらに2000年版の『帝国データバンク会社年鑑』に都道府県別に記載された企業について、金融機関との取引状況や財務内容が20年間追跡調査可能な全国の非上場企業 21,906 社の財務データを用いる。

上場企業は銀行以外の資金調達が可能であり、企業と銀行の長期的な関係を分析するには不適切と思われ対象から外した。

『帝国データバンク会社年鑑』には、企業の取引銀行が記載されているが、筆頭に記載される主力銀行をメインバンクと定義する。

上場企業のメインバンク分析においても、同様の定義が見られる。例えば、広田（1997）では『会社四季報』に掲載される筆頭の取引銀行をメインバンクとしている。帝国データバンクでは貸出額等を中心として、実態にあわせて筆頭銀行を定めており、必ずしも融資シェア最

大行という意味ではなく、また無借金経営の企業も含まれている。1980 年版、1990 年版にはメインバンクに◎印が記載され筆頭に記載されていたが、2000 年版にはこの表示はなく、筆頭に記載された銀行をメインバンクとして用いた。尚、◎印が複数記載されている所謂、並行メイン、複数メインの場合も筆頭の銀行のみをメインバンクとした。

都銀と上場企業のメインバンク関係を考える場合には、株式持ち合いの状況、役員派遣数等も考慮に入れる必要があるかもしれないが、銀行が非上場企業の株式を所有する割合は非常に低く、本サンプルの 2.1%である。メインバンクのみに限れば、1.9%とさらに少なく、本稿では株式持ち合いをメインバンクの要件として考慮しない。また、非上場企業はそれほど多くの人員を金融機関から受け入れておらず、この点も考慮しない。

本章ではリレーションシップバンキングにおける duration を 10 年間もしくは 20 年間メインバンクを変更しなかった割合（メインバンク継続率と呼ぶことにする）で示すことにする。

分析の対象期間を 1980-1990 年（H 期）、1990-2000 年（L 期）に分けた。前者を経済成長の高い時期ということで、H 期と呼び、後者を低い時期ということで L 期と呼ぶことにする。ちなみに内閣府の「国民経済計算」によれば、実質 GDP の前年度比（経済成長率）は H 期の平均は 4.32%、L 期の平均は 1.46%である。

10 年間のメインバンク継続率を H 期、L 期それぞれについて金融機関の業態別に求める。同様にして 1980-2000 年（20 年間）のメインバンク継続率を求める。尚、サンプルの中でメインバンクの割合が最も多い業態は地銀である。

1980 年時点のメインバンクが 1990 年時点で変更になっている場合、その変更企業数を全サンプルで除したものをメインバンク変更率と呼び、100−変更率（%）を H 期のメインバンク継続率と称することにする。同様の方法にて L 期の継続率も求める。

次に、メインバンクを変更する非上場企業の特徴を分析するにあたってデータをもとに予備的考察を行ってみよう。尚、本章で示される図表はすべてこのデータをもとに筆者が独自に作成したものである。

3.2 非上場企業のメインバンク継続率

非上場企業 21,906 社のサンプルは表 2 に見られるようにメインバンクを地銀とする企業が約半数あり、次に都銀が 4 分の 1 を占め、第二地銀が 1 割弱という内訳である。

データはメインバンク変更の有無と企業の財務データが H 期、L 期それぞれに含まれている。まずメインバンクの業態別にこれら企業のメインバンク継続率の状況をみてみよう。表 3 は H 期、表 4 は L 期におけるメインバンク継続率を示したものである。H 期、L 期のどちらにおいても最も継続率の高い業態は地銀であり、90%前後の継続率を示している。

表2　　年度別 メインバンク業態別内訳とその割合

業態	1980年		1990年		2000年	
	企業数	割合	企業数	割合	企業数	割合
都銀	6,172	28.2%	6,121	27.9%	5,620	25.7%
地銀	11,356	51.8%	11,807	53.9%	11,988	54.7%
第二地銀	1,971	9.0%	1,726	7.9%	1,925	8.8%
信金	1,880	8.6%	1,702	7.8%	1,667	7.6%
信組	126	0.6%	96	0.4%	100	0.5%
その他	401	1.8%	454	2.1%	606	2.8%
総　　計	21,906		21,906		21,906	

次は都銀で 80%前後である。

　これに比して信金や信組は 40%台～70%台の継続率であり、都銀や地銀に比してかなり低い数字である。この要因の一つは信金や信組は、融資は会員や組合員を対象にしているが、会員・組合員には従業員数や資本金の制限があるため、貸出に制限が生ずるためと思われる。

　ちなみに信用金庫の会員資格は、一般社団法人全国信用金庫協会の HP によれば、「従業員が 300 人を超える場合、また、法人事業者で常時使用する従業員数が 300 人を超え、かつ資本金が 9 億円を超える場合には、会員となることができない」と示されている。また全国信用組合中央協会 HP によれば、信用組合の組合員資格には、事業者の業種別に資本の額または出資の総額にもとづき制限がある。

　全業態の平均で見た場合、H 期では 84.3%、L 期では 83.4%の企業が 10 年間メインバンクを継続しており、H 期と L 期でメインバンク継続率に大きな差はないが、業態別に H 期と L 期を比較すると、都銀と地銀は H 期の方が L 期よりもメインバンク継続率が高いのに対して、第二地銀、信金、信組については H 期よりも L 期の方が高い継続率を示している。

　特に都銀は H 期と L 期の継続率の差が 3.5 ポイントあり、経済成長が低い時代の企業との関係は希薄になる傾向があると思われる。これとは逆に第二地銀、信金、信組の場合は経済成長の低い時期のほうが、絆が強くなると思われる。

　全業態の平均メインバンク継続率を都道府県別に、H 期、L 期それぞれを示したのが図 1 である。地域による違いを概観するならば、東京、神奈川、大阪、福岡など大都市を抱える都道府県の継続率が低い傾向にあることがわかり、銀行間競争の程度がメインバンク継続率に影響していると考えられる。また H 期、L 期を通算し 20 年間に渡ってのメインバンク継続率を業態別に示したものが表 5 であり、さらにこれを都道府県別に示したのが図 2 である。表 5 が示すように 1980-2000 年までの 20 年間メインバンクを継続している企業は全業態平均で 72.3%である。業態別に見た場合、もっともメインバンク継続率が高いのは地銀で 89.5%である。全国でメインバンクを地銀にしている 11,356 社の非上場企業のうち、9,325 社はメ

インバンクを変更せずに 20 年間、企業活動をしているということである。もっとも継続率の低い業態は信用組合の 32.5% である。

表3　業態別メインバンク継続率（H期）

業態	変更無	継続率	企業数
都銀	5069	82.1%	6172
地銀	10248	90.2%	11356
第二地銀	1474	74.8%	1971
信金	1347	71.6%	1880
信組	60	47.6%	126
その他	266	66.3%	401
総　　計	18464	84.3%	21906

表4　業態別メインバンク継続率（L期）

業態	変更無	継続率	企業数
都銀	4811	78.6%	6121
地銀	10573	89.5%	11807
第二地銀	1318	76.4%	1726
信金	1248	73.3%	1702
信組	62	64.6%	96
その他	266	58.6%	454
総　　計	18278	83.4%	21906

　図 2 に示されるように 20 年間のメインバンク継続率がもっとも高いのは島根県の地方銀行で 92% である。しかし、島根県における都銀のメインバンク継続率は 37.5% であり、都銀の平均の継続率 66.8% をかなり下回っている。

　地方銀行の 20 年間のメインバンク継続率がもっとも低いのは東京で 63.5% である。東京の都銀のメインバンク継続率は 70.2% で、東京の地銀の数値よりも高い。このことは同じ県にある金融機関でも業態によってメインバンク継続（換言すればリレーションシップ変更）の要因が異なることが推測される。

図1 都道府県別 メインバンク継続率（H期、L期 10年間）

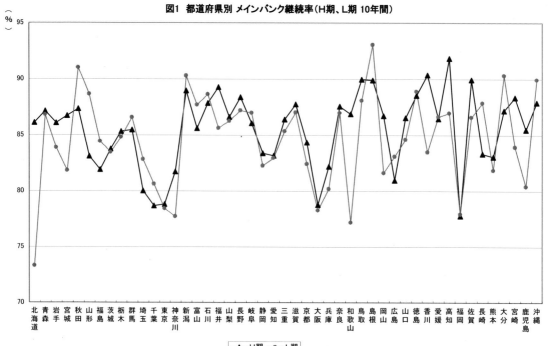

表5 業態別メインバンク継続率（1980-2000年）

業態	変更無	継続率	企業数
都銀	4,125	66.8%	6,172
地銀	9,325	82.1%	11,356
第二地銀	1,173	59.5%	1,971
信金	1,016	54.0%	1,880
信組	41	32.5%	126
その他	156	38.9%	401
総　計	15,836	72.3%	21,906

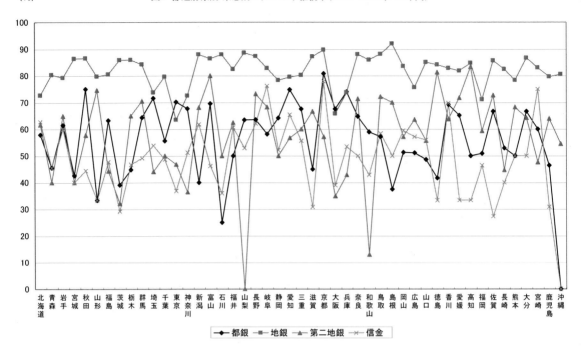

(%)

図2　都道府県別　業態別メインバンク継続率（1980～2000年　20年間）

凡例：◆ 都銀　■ 地銀　▲ 第二地銀　✕ 信金

3.3 非上場企業の取引銀行数、地域社会との人的な関係

　L期における取引銀行の数（n）とメインバンク継続率について都道府県別に示したのが表6である。このうち、n＝1すなわち1行取引の場合のメインバンク継続率は全国平均で95.4％とかなり高く、しかもメインバンク継続率100％、すなわちメインバンクを全く変更することのない県は以下の13県にものぼる。青森、秋田、山梨、三重、奈良、鳥取、島根、岡山、徳島、愛媛、大分、宮崎、鹿児島である。1行取引の時、いかにメインバンク継続率が高いかがわかる。取引銀行の数が2行の場合のメインバンク継続率は全国平均で89.1％、8行の場合は78.8％であり、取引銀行の数が多くなるとメインバンク継続率が低くなる傾向がうかがえる。

　地域金融機関の役員の出身地について金融図書コンサルタント社（1997）にもとづき大阪府の信用金庫の現状を調査すると、役員の50.5％が大阪府出身であり、70.9％が近畿地区（京都・大阪・三重・滋賀・兵庫・奈良・和歌山の2府5県）の出身である。信用金庫の一般職員についても役員と同様の傾向があると推測される。このことは、信用金庫の役職員の同窓生などさまざまな人脈が地域社会や地元企業に存在し、地域に会員制クラブのような地域コミュニティが存在し、ソフト情報を吸収する独特の人間関係からなる地域のシステムが存在すると思われ、リレーションシップ変更の要因分析に反映させる必要があろう。

表6　銀行取引数別メインバンク継続率（2000年）

	n=1	n=2	n=3	n=4	n=5	n=6	n=7	n=8
北海道	86.5%	76.6%	76.5%	71.2%	70.5%	67.1%	73.7%	76.0%
青森	100.0%	94.0%	86.6%	82.5%	81.8%	92.9%	84.2%	75.0%
岩手	88.2%	91.7%	80.6%	86.6%	84.4%	87.5%	72.7%	75.0%
宮城	87.5%	85.2%	81.6%	82.7%	65.6%	80.0%	84.8%	68.8%
秋田	100.0%	95.1%	90.6%	90.8%	87.5%	81.3%	100.0%	25.0%
山形	94.1%	97.0%	88.1%	86.9%	88.0%	86.1%	88.9%	81.8%
福島	94.3%	90.0%	86.2%	80.5%	79.5%	83.8%	88.0%	54.5%
茨城	96.8%	90.4%	79.7%	80.0%	78.7%	82.1%	76.9%	90.9%
栃木	91.7%	89.1%	84.2%	80.5%	84.9%	78.4%	90.9%	85.7%
群馬	97.7%	90.4%	86.0%	86.7%	89.0%	75.9%	70.6%	72.2%
埼玉	87.8%	86.0%	80.6%	81.6%	84.7%	78.7%	85.9%	78.0%
千葉	91.3%	90.6%	83.7%	80.7%	74.4%	74.0%	75.9%	81.8%
東京	92.5%	85.3%	76.9%	79.3%	77.1%	78.0%	78.6%	70.0%
神奈川	83.8%	89.4%	77.4%	77.5%	78.1%	71.8%	75.3%	69.2%
新潟	96.0%	93.3%	89.1%	90.3%	81.6%	90.9%	90.2%	96.3%
富山	96.9%	88.7%	87.1%	83.7%	89.7%	95.5%	82.1%	76.5%
石川	94.1%	92.5%	83.2%	89.0%	90.5%	84.8%	100.0%	83.3%
福井	98.0%	89.9%	82.8%	85.1%	75.9%	80.0%	83.3%	100.0%
山梨	100.0%	91.5%	81.9%	93.5%	58.1%	92.3%	75.0%	100.0%
長野	93.7%	89.7%	89.0%	82.6%	87.8%	75.4%	87.5%	71.4%
岐阜	90.9%	90.4%	92.1%	83.4%	87.4%	83.9%	83.3%	90.0%
静岡	92.2%	87.4%	84.6%	82.8%	80.2%	68.1%	83.1%	86.0%
愛知	97.8%	89.9%	83.9%	81.6%	78.5%	79.7%	88.0%	75.9%
三重	100.0%	89.1%	85.9%	86.2%	92.5%	78.4%	67.9%	68.2%
滋賀	95.2%	96.9%	83.1%	84.4%	83.7%	91.7%	92.3%	66.7%
京都	93.3%	85.4%	80.4%	80.9%	79.2%	83.9%	88.5%	88.6%
大阪	95.7%	86.3%	75.8%	77.4%	78.6%	77.3%	70.6%	72.0%
兵庫	98.1%	88.6%	84.0%	79.3%	73.8%	76.3%	77.3%	67.5%
奈良	100.0%	87.0%	85.9%	87.8%	75.0%	89.5%	100.0%	66.7%
和歌山	93.8%	73.1%	79.1%	83.3%	75.4%	75.0%	58.8%	60.0%
鳥取	100.0%	89.5%	91.2%	88.9%	84.6%	91.7%	87.5%	62.5%
島根	100.0%	95.5%	92.5%	96.9%	92.6%	92.3%	91.7%	80.0%
岡山	100.0%	90.5%	84.7%	76.8%	74.8%	76.3%	92.3%	74.1%
広島	97.8%	85.3%	84.6%	82.0%	81.7%	78.2%	75.3%	90.0%
山口	95.0%	87.3%	90.7%	78.2%	76.8%	80.0%	84.6%	83.3%
徳島	100.0%	87.3%	89.5%	90.0%	86.5%	85.0%	71.4%	100.0%
香川	97.0%	85.7%	87.0%	82.6%	81.5%	70.0%	87.2%	76.5%
愛媛	100.0%	89.5%	82.4%	87.7%	85.0%	76.5%	80.8%	100.0%
高知	94.1%	85.1%	82.0%	87.7%	91.7%	100.0%	75.0%	66.7%
福岡	96.2%	84.2%	76.5%	76.8%	74.0%	73.6%	78.9%	78.4%
佐賀	95.0%	84.6%	81.8%	81.1%	91.9%	90.9%	83.3%	90.0%
長崎	97.5%	95.6%	85.3%	84.5%	84.6%	82.5%	80.6%	85.7%
熊本	92.0%	86.0%	84.6%	74.0%	82.4%	76.9%	73.3%	85.7%
大分	100.0%	97.9%	91.5%	93.5%	85.4%	84.6%	76.9%	90.0%
宮崎	100.0%	94.6%	81.4%	73.0%	85.7%	86.7%	88.9%	83.3%
鹿児島	100.0%	85.4%	73.1%	70.5%	80.6%	84.2%	90.0%	83.3%
沖縄	91.7%	92.9%	90.9%	75.9%	83.3%	100.0%	100.0%	100.0%
全国平均	95.4%	89.1%	84.2%	82.9%	81.6%	82.3%	82.8%	78.8%

4. リレーションシップを変更する非上場企業の要因分析

4.1 モデル

どのような要因で非上場企業のメインバンクが変更され、銀行と非上場企業のリレーションシップは変更されるのであろうか。被説明変数は、非上場企業がリレーションシップを変更している場合は1、リレーションシップを変更せず継続している場合は0となる二値変数で表す。

リレーションシップが継続されるか否かの要因として以下の点を考える。

まず、どのような企業とどのような銀行がリレーションシップを結ぶかを明らかにするには、それぞれの特徴のマッチングを考える必要がある（Jovanovic (1979)）。

企業と銀行が適切なマッチングで相手を選択していたと仮定すると、それを変更しなければならなくなるのは、企業や銀行の特徴が変化した場合であろう。たとえば成長性の高い企業は分析対象の10年間に、リレーションシップの相手として適当な銀行像が変化し、リレーションシップ変更の必要性に迫られる可能性が高い。

Hirota and Tsutsui (1998) は貸出リスク分散化と貸出コストについて分析し、日本の銀行が合理的なリスク管理を行ってきたか検証している。その分析結果から、規模の大きな企業は規模の大きな銀行と取引することによってメリットが得られることを明らかにしている。つまり、企業が成長して規模が大きくなると、それに応じて、より大きな銀行との取引に変更することが効率的である。さらに、潜在的な成長可能性を持つ企業も同様の理由により、リレーションシップを変更する可能性が高いと考えられる。

また、企業の代表者の変更も取引相手とのマッチングに影響するかもしれない。企業の代表者が替われば、企業側の経営方針が変更になる可能性が高い。企業はその方針に合致した銀行と新しくリレーションシップを結ぶことが企業の利益になるので、リレーションシップを変更する可能性が高くなると考えられる。企業の経営者が交替することは、銀行との新たな交渉を行う一つの機会と考えられ、リレーションシップ変更に対して正の影響が期待される。

第二に、リレーションシップバンキングの理論によると、企業と銀行は長期的な継続関係を継続することによって、他に転用できないソフト情報を蓄積する。他銀行に変更するとこの蓄積された資本が失われてしまうので、同一銀行とリレーションシップを継続することが有利となる。この理論によると、取引継続期間が長いほどリレーションシップ変更のコストが大きくなる。逆に言えば、取引期間が短いほど変更が容易であると予測される。

第三に、銀行の競争度の影響が考えられる。小倉（2007）が紹介しているように銀行の競争がリレーションシップバンキングを強化するか弱めるかについては両方の学説がある。「仮に情報的に優位な立場にあったとしても、競合する金融機関が増えれば顧客に逃げられる可能性が高くなるので、リレーションシップバンキングからの期待利益は減る」という主張と、「競争圧力があるからこそ、ライバルが知りえない情報を収集し、サービスに工夫を凝らして顧客を引きとめようとする誘因が働く」という議論である。

小倉（2007）の実証分析では、「日本においては、銀行の融資競争が緩くなるにつれてリレーションシップバンキングが盛んになる」と結論されている。この結果によれば、銀行の競争が激しい県ほどリレーションシップバンキングのメリットは少なく、したがって、リレーションシップを変更する確率は高いと予測される。

第四に、取引相手の業績が悪化した場合には取引関係を解消することが、選択肢として当然考えられるであろう。つまり、企業にとっては、取引相手の銀行の業績が悪化すれば、取引を解消する可能性がある。

第五に、企業の交渉力が大きいほど、取引関係の解消が容易であるかもしれない。一般的には、企業と銀行の交渉力の大小は長期取引によって得られる超過利潤（レント）の配分を決定すると考えられ、取引を継続するか変更するかの決定には直接つながらない。しかし、非上場企業の場合には、銀行に比べると交渉力が非常に小さく、レントはほとんど銀行に取られているのが実状かもしれない。

交渉力が弱い企業は、他の銀行に変更しようとしても不可能かもしれない。この場合、交渉力が他の企業と比べて強い企業は、レントの配分について良い結果を得ると同時に、他の銀行に変更することも、他の企業より容易かもしれない。以下では、交渉力の大きな企業がリレーションシップを変更する傾向があるかどうかも見てみよう。

4.2 説明変数

モデルの具体的な変数は以下のように考える。

本章での分析は 1980-1990 年（H 期）の 10 年間、1990-2000 年（L 期）の 10 年間をそれぞれ分析期間とする。H 期の分析対象は 1980 年時点でメインバンクを地域銀行（地方銀行および第二地方銀行）とする全国の非上場企業、1980 年時点で都市銀行をメインバンクとする全国の非上場企業であり、L 期の分析対象は 1990 年時点でメインバンクを地域銀行とする全国の非上場企業、1990 年時点で都市銀行をメインバンクとする全国の非上場企業である。

分析は H 期、L 期それぞれ地域銀行をメインバンクとする非上場企業グループ、都市銀行をメインバクとする非上場企業グループにサンプルを分けて行う。

被説明変数は当該企業がリレーションシップを変更して、メインバンクを変えた場合を 1、リレーションシップを変更せず同一のメインバンクを継続している場合を 0 とする二値変数で示す。推定方法はプロビット（probit model）である。

まず、企業の特性として、企業の成長性および潜在的な企業の成長可能性、そして代表者変更の変数を考える。

企業の成長性として、企業の売上高、資本金、従業員数について、それぞれ H 期は 1980 年を 1 とした場合の 1990 年の増加指数、L 期は 1990 年を 1 とした場合の 2000 年の増加指数を算出し、企業の成長性として示す。

潜在的な企業の成長可能性の変数としては、当該企業がまだ成熟企業ではないことを示す

代理変数として企業規模を用いる。規模が小さい企業ほど潜在的な成長可能性が高く、リレーションシップを変更しやすいと考えられる。具体的には、企業規模として企業の H 期の分析においては 1980 年、L 期の分析においては 1990 年の売上高の対数値を用いる。この変数はリレーションシップの変更に負の影響を持つことが期待される。

　企業の代表者の変更を表す変数としては H 期、L 期それぞれの 10 年間に代表者が変更した企業を 1、しなかった企業を 0 とするダミー変数を採用する。この変数に期待される符号は正である。

　第二のリレーションシップバンキングの効果を代表する「取引年数」の代理変数として、企業の「操業年数」を採用する。表 5 に示されるように H 期、L 期を通じた 20 年間、すなわち 1980 年から 2000 年までメインバンクを変更せず、リレーションシップを継続した非上場企業は全体の 72% にものぼる。したがって企業の操業年数が長いほど取引年数が長いであろうと推測される。操業年数の係数に期待される符号は負である。

　第三の、銀行の競争度を表す変数としては、地銀、第二地銀、信金の三業態の貸出残高をもとに算出した県別のハーフィンダール指数を用いる。ハーフィンダール指数は数値が低いほど競争が激しいことを示す。それゆえ、この変数が大きいほど競争度は低く、リレーションシップバンキングの利益が大きいので、リレーションシップの変更は少なくなると考えられる。したがって期待される符号は負である。

　銀行の競争を表すもう一つの変数として、企業が取引している銀行数をとる。取引銀行数が多いほど銀行間競争が激しいと考えると、この係数に期待される符号は負である。ただし、非上場企業は金融がタイトなときに備えて資金のアベイラビリティ確保のため、また貸出条件を競わせるために意識的に多くの銀行と取引をしている可能性もあり、リレーションシップの効果と複雑に絡まっているので、この変数の影響については異なる推論も可能であろう。

　第四の取引銀行の業績として、当該企業のメインバンクの業務純益を総資産で除した ROA（総資産利益率）を用いる。H 期の分析においては 1980 年時点の ROA、L 期の分析においては 1990 年時点の ROA が低い銀行ほど、取引相手として失格とされる可能性があるので、この変数に期待される符号は負である。

　最後に企業の交渉力を表す変数としては業界内地位と上場企業の系列を考える。地域では地場産業で同業者どうしの結束が固いこともあり、地域での影響力、同じ業種の中でリーダー的な企業は銀行に対する交渉力も強くなると考えられる。ここでは業界地位として、帝国データバンクが分類する細分化された業種区分において、県下で最大の売上を示す企業を選び、この中小企業を 1、それ以外の企業を 0 とするダミー変数を定義する。業界地位を示す県下最大売上高企業ダミーの係数は正の符号が期待される。

　上場企業系列の企業は上場企業の後ろ盾があることが明確であり、銀行に対する交渉力は高いと考えられる。したがって、係数に期待される符号は正である。しかし一方で、親会社である上場企業の意向に強く支配され独立性がなく、メインバンクの選択においても親会社の

意向に左右されやすく、親会社のメインバンク変更にともない、系列の企業もリレーションシップを変更する可能性も否定できない。

推計モデルおよび変数の一覧は以下のように示される。

$$MAIN$$
$$=Const+GSALE+GCAPT+GEMPL+LnSALE+CEO+ESTAB+HI$$
$$+NUMRELATE+ROA+PREFONE+KEIRET+u$$

被説明変数

H期、L期それぞれリレーションシップ変更の有無を表すダミー変数

$MAIN$：リレーションシップの変更有＝1、変更無＝0

説明変数

① 非上場企業の特性

・財務指標の増加指数（H期においては1980年の財務指標を1とした場合の1990年の指数、L期においては1990年の財務指標を1とした場合の2000年の指数）

$GSALE$：売上高の増加指数

$GCAPT$：資本金の増加指数

$GEMPL$：従業員数の増加指数

・潜在的成長可能性

$LnSALE$：企業規模。H期は1990年、L期は2000年の売上高対数値

・企業代表者変更

CEO：H期、L期それぞれ変更有＝1、変更無＝0

② ソフト情報（リレーションシップ）の重要性

$ESTAB$：操業年数。会社設立から分析対象の最初の年である1980年までの経過年数

③ 銀行の競争度

HI：地銀、第二地銀、信金の3業態の貸出残高を元に算出した県別のハーフィンダールインデックス（H期は1990年時点、L期では2000年時点）

$NUMRELAT$：当該中小企業の取引銀行数（H期は1990年時点、L期では2000年時点）

④ メインバンクのパフォーマンス

ROA：H期は1980年時点、L期は1990年時点でのメインバンクのROA（総資産収益率＝業務純益/総資産）

⑤ 企業の交渉力

$PREFONE$：業界地位。H期は1990年時点、L期は2000年時点県下同業種内売上高順位で、県下第1位の時＝1、その他＝0

KEIRET: 系列。H 期は 1990 年時点、L 期は 2000 年時点の上場企業の系列会社＝1、その他＝0

　信金・信組をメインバンクとする企業のメインバンク継続率は都銀や地域銀行と比してかなり低い。信金・信組は貸出先に制限があることがメインバンクの変更に影響を与えている可能性があり、またサンプル数も少ないため本章のリレーションシップ変更の要因分析については信金・信組をメインバンクとする企業は分析対象外とする。

　分析は、H 期、L 期それぞれの期間で行うが、さらに H 期では 1980 年を基準に、L 期では 1990 年を基準にメインバンクが地域銀行（地方銀行と第二地方銀行）であった企業とメインバンクが都銀であった企業のグループに分けて推計を行う。ただし 1997 年に経営破綻した北海道拓殖銀行の影響は大きく、L 期、都銀をメインバンクとする企業の分析に関してのみ、北海道の企業はサンプルから除外することにした。

　これらの記述統計は地域銀行をメインバンクとする企業について H 期は表 7 に、L 期は表 8 に示される。同様に都銀をメインバンクメインバンクとする企業の場合、H 期は表 9 に、L 期は表 10 に示される。Mean は平均を、Std Dev は標準偏差を、Minimum は最小値を、Maximum は最大値を示している。また、売上高（*SALE*）は百万円単位、資本金（*CAPT*）は万円単位で示されている。

　リレーションシップ変更の有無（*MAIN*）の平均値は地域銀行をメインバンクとする企業は 10 年間に約 10%の企業がリレーションシップを変更したことを示している。都銀をメインバンクとする企業の分析の場合では約 20%がリレーションシップを変更している。

　売上高の増加指数（*GSALE*）については地域銀行をメインバンクとする H 期の場合、1990 年の売上高は 1980 年の売上高に比し、最大で 69 倍に増加、最小では千分の 6 に減少している。平均では 1.8 倍に増えている。地域銀行をメインバンクとする企業の H 期、L 期、都銀をメインバンクとする企業の H 期、L 期、いずれも売上高増加指数の平均は 1 から 2 までぐらいである。資本金増加指数（*GCAPT*）の平均は約 1.5 である。中には大幅に資本金を減少させた企業もある。従業員増加指数（*GEMPL*）に関しては都銀をメインバンクとする企業の L 期については平均が 0.99 で、従業員が減少していることが示される。バブル崩壊後の金融危機の影響が推測される。

　操業年数（*ESTAB*）は、地域銀行をメインバンクとする企業の場合、平均は 42 年であるが、最長では 116 年という、かなり長い企業もある。都銀をメインバンクとする企業の場合は、最長 112 年である。ただし、本分析での操業年数は会社設立から分析対象の最初の年である 1980 年までの経過年数を示しているので、分析対象の終了年である 2000 年を基準とするならば最大、最小の数値に 20 年を加えることになり、最長の企業は 136 年という長寿企業ということになる。

　地域銀行をメインバンクとする企業は平均すると約 10%が上場企業の系列（*KEIRET*）で

あるが、都銀をメインバンクとする企業の場合は約 15%である。業種別の県下売上最大企業（*PREFONE*）は平均すると 1 割から 2 割ある。H 期、L 期それぞれ分析期間中、代表者を変更（*CEO*）した企業は約半数にのぼる。売上高（*SALE*）の平均値は 30〜40 億円である。資本金（*CAPT*）の平均値は 4000 万から 7000 万円台である。従業員の平均値は約 80 人である。銀行の *ROA* の平均値は 0.1%から 0.4%である。取引銀行数（*NUMRELAT*）の平均は 3 から 5 行である。銀行の競争度を示すハーフィンダール指数（*HI*）は 0.04 から 0.7 まで、広く散らばっている。

表7 記述統計（H期 地域銀行）

	Mean	Std Dev	Minimum	Maximum
MAIN	0.1050	0.3065	0.0000	1.0000
GSALE	1.8774	1.7518	0.0060	69.2308
GCAPT	1.5611	1.7322	0.0625	64.0000
GEMPL	1.1500	0.7316	0.0024	27.5000
KEIRET	0.1179	0.3225	0.0000	1.0000
PREFONE	0.1679	0.3738	0.0000	1.0000
ESTAB	41.8408	10.8211	3.0000	116.0000
SALE	3015.9898	5213.5714	6.0000	208790.0000
CAPT	4314.1334	12553.7518	30.0000	800000.0000
EMPL	82.9764	111.9245	1.0000	3300.0000
CEO	0.4047	0.4909	0.0000	1.0000
ROA	0.0027	0.0008	-0.0018	0.0048
NUMRELAT	3.0929	1.6242	1.0000	15.0000
HI	0.3933	0.1442	0.0426	0.7315

表8 記述統計（L期 地域銀行）

	Mean	Std Dev	Minimum	Maximum
MAIN	0.1210	0.3262	0.0000	1.0000
GSALE	1.2891	1.8056	0.0042	117.2847
GCAPT	1.4907	1.8114	0.0975	62.5415
GEMPL	1.0499	0.7928	0.0216	68.0000
KEIRET	0.1152	0.3192	0.0000	1.0000
PREFONE	0.2113	0.4082	0.0000	1.0000
ESTAB	42.2725	10.4288	12.0000	116.0000
SALE	3330.6470	5130.8230	78.0000	147075.0000
CAPT	5284.3390	12569.5007	100.0000	762500.0000
EMPL	79.1399	102.1474	1.0000	2176.0000
CEO	0.4784	0.4996	0.0000	1.0000
ROA	0.0048	0.0016	3.68321D-06	0.0095
NUMRELAT	3.9992	1.9709	1.0000	11.0000
HI	0.3809	0.1398	0.0442	0.7179

表9 記述統計（H期 都銀）

	Mean	Std Dev	Minimum	Maximum
MAIN	0.1808	0.3849	0.0000	1.0000
GSALE	1.9648	2.1462	0.0384	130.3649
GCAPT	1.5476	1.7204	0.0100	54.7258
GEMPL	1.2831	9.0479	0.0318	775.0000
KEIRET	0.1600	0.3666	0.0000	1.0000
PREFONE	0.0918	0.2888	0.0000	1.0000
ESTAB	42.9595	10.2816	12.0000	112.0000
SALE	3550.1449	6606.4288	100.0000	211670.0000
CAPT	5580.2805	19105.0609	50.0000	900000.0000
EMPL	89.8601	132.5270	1.0000	2356.0000
CEO	0.4279	132.5270	0.0000	1.0000
ROA	0.0013	0.0004	0.0007	0.0020
NUMRELAT	3.6803	1.7924	1.0000	15.0000
HI	0.2262	0.1710	0.0426	0.7315

表10　記述統計（L期　都銀）

	Mean	Std Dev	Minimum	Maximum
MAIN	0.2151	0.4109	0.0000	1.0000
GSALE	1.1668	1.2494	0.0482	53.1653
GCAPT	1.4921	1.6280	0.0940	50.0000
GEMPL	0.9956	0.6238	0.0133	26.8571
KEIRET	0.1472	0.3544	0.0000	1.0000
PREFONE	0.1316	0.3381	0.0000	1.0000
ESTAB	42.9844	10.3323	12.0000	112.0000
SALE	3893.7427	9049.8692	20.0000	421477.0000
CAPT	7118.0334	25824.2991	3.0000	1520296.0000
EMPL	84.2629	131.4317	1.0000	3542.0000
CEO	0.4934	0.5000	0.0000	1.0000
ROA	0.0030	0.0012	0.0003	0.0045
NUMRELAT	4.4518	2.1155	1.0000	11.0000
HI	0.2052	0.1509	0.0459	0.7077

5.　分析結果

5.1　地域銀行をメインバンクとする非上場企業の推計結果

　まず地域銀行をメインバンクとする非上場企業について見てみよう。H期においては11718社のサンプルの中でリレーションシップを変更したのは、10.5％にあたる 1230 社であった。L期においては、13479 社のサンプルの中でリレーションシップを変更したのは、12.1％にあたる 1632 社である。

　非上場企業の成長性の項目については、期待したとおり増加指数の符号は3つとも正であり、売上の増加指数、資本の増加指数はともにH期では0.1％水準で有意、L期では5％水準で有意である。従業員増加指数のp-値はH期43％、L期は50％であるが、人件費の圧縮が企業効率性の指標であり、従業員数の増加は企業の成長を反映したものであると同時に、企業効率性の改善に反すると見られた可能性がある。

　潜在的な成長可能性を示す企業規模を表す売上高の対数値はH期L期ともに0.1％水準で有意に負になっており、規模の小さい企業ほどリレーションシップの変更を行いやすいという推測と整合的である。規模の大きな企業はそもそも資本市場から資金調達可能であるから貸出が重要ではなく、当然リレーションシップも重要ではないので、借入先銀行を変更するという経路が考えられるが、本章の分析は株式公開企業を対象外としている。逆に、企業の規模がかなり大きくなると、すでにメインバンクを十分大きな銀行に変更しており、その後のメインバンク変更が少なくなるという可能性も考えられる。

企業代表者変更ダミー変数の係数は H 期も L 期も予想通り正であるが、有意ではない。このことは、企業において、代表者が替わっても企業の方針がそれほど大幅には変わらない可能性を示唆している。

　リレーションシップバンキングの効果を代表する「取引年数」の代理変数として採用された企業の「操業年数」の係数は H 期も L 期もともに 0.1％水準で有意に負であり、操業年数が（したがって同一銀行との取引年数が）長い企業ほど、ソフト情報を蓄積し、リレーションシップを変更しない傾向があるという推測と整合的である。つまり操業年数の短い若い企業ほどリレーションシップを変更する傾向があることになる。

　銀行の競争度を表す変数として採用された県別のハーフィンダール指数の係数は H 期も L 期もともに 0.1％水準で有意に負であり、競争度が高いほどリレーションシップが変更される傾向が示された。これは競争度が低く、リレーションシップバンキングの利益が大きい県の企業ほどリレーションシップの変更が少なくなるという推測と整合的である。もう一つの変数である取引銀行数の係数は 0.1％水準で H 期も L 期もともに有意に正であり、やはり、銀行間競争が激しいほどリレーションシップの変更が多いという推測と整合的である。

　メインバンクの業績を表す ROA の符号は H 期では 5％水準で有意に負、L 期は 0.1％水準で有意に負であり、ROA が低い銀行ほど取引相手として失格とされ、取引関係を解消されるという推測と整合的である。

　企業の交渉力を表す変数である業界内地位については、正の係数が予想されるにもかかわらず、符号は負になっている。ただし有意ではない。もう一つの、上場企業の系列ダミーは L 期については 0.1％水準で予想通り正になっている。すなわち、上場企業の系列中小企業はリレーションシップを変更する傾向が強いということになる。しかし H 期では符号は正であるが有意ではない。この変数に関しては上述のように、さまざまな影響が考えられるので、「企業の交渉力仮説」が支持されたとは考えにくい。

　これらの推定結果は、H 期は表 11 に、L 期は表 12 に示される。

　以上の結果を要約すると、地域銀行をメインバンクとする中小企業のリレーションシップ変更に関して、著者が想定したシナリオがほとんどすべて、データによって確認されることがわかる。確認された事実は次のように要約される。

1) 企業の成長性を示す財務指標の増加指数（売上高増加指数、資本金増加指数）が高い企業、および潜在的に成長の可能性を持つ規模の小さい中小企業は、最適なメインバンクのタイプが変化するためにリレーションシップを変更する傾向がある。

2) リレーションシップバンキングのメリットの蓄積がより少ないと考えられる、企業規模が小さく、操業年数の短い若い企業ほど、リレーションシップを変更する傾向がある。

3) メインバンクの業績（ROA）が低い企業ほど、リレーションシップを変更する傾向がある。

4)　銀行の競争が激しい県の企業ほど、リレーションシップを変更する傾向がある。

　しかし、「交渉力が強い企業ほどリレーションシップを変更する傾向がある」という仮説については、明確な結果が得られなかった。

　ノルウェーの企業のデータを用いて、リレーションシップの変更の分析を行った Ongena and Smith (2001)では、リレーションシップの価値は時間の経過とともに減少し、企業はリレーションシップが成熟してくると銀行から離れていく傾向があり、小規模で若い成長性可能性の高い企業、収益性が高く、複数の銀行取引があり、借入依存度の高い企業ほどリレーションシップの期間は短いという分析結果を示しているが、日本の地域銀行の分析でもほぼ整合的な結果が得られた。

表11　probit推計結果（H期　地域銀行）

variable	coefficient	t-statistic	P-value		marginal effect
C	-0.0098	-0.0597	[.952]		-0.00173
GSALE	0.0275	3.4253	[.001]	***	0.00484
GCAPT	0.0343	4.4558	[.000]	***	0.00603
GEMPL	0.0163	0.7843	[.433]		0.00287
KEIRET	0.0432	0.8616	[.389]		0.00761
PREFONE	-0.0701	-1.4932	[.135]		-0.01234
ESTAB	-0.0068	-4.3590	[.000]	***	-0.00119
LnSALE	-0.1422	-6.9270	[.000]	***	-0.02504
CEO	0.0240	0.7323	[.464]		0.00423
ROA	-45.4386	-2.1774	[.029]	**	-8.00150
NUMRELAT	0.1066	10.5524	[.000]	***	0.01878
HI	-0.6635	-5.7288	[.000]	***	-0.11684
Observations	11718				
R-squared	0.02043				
Log likelihood	-3812.4				

* significant at 10%, ** siginificant at 5%, *** significant at 1%

表12 probit推計結果（L期 地域銀行）

variable	coefficient	t-statistic	P-value		marginal effect
C	-0.1069	-0.7432	[.457]		-0.02105
GSALE	0.0136	1.9859	[.047]	**	0.00268
GCAPT	0.0142	2.0531	[.040]	**	0.00279
GEMPL	0.0105	0.6641	[.507]		0.00206
KEIRET	0.1625	3.7291	[.000]	***	0.03201
PREFONE	-0.0415	-1.1249	[.261]		-0.00818
ESTAB	-0.0071	-5.0264	[.000]	***	-0.00140
LnSALE	-0.1045	-5.9078	[.000]	***	-0.02059
CEO	0.0026	0.0905	[.928]		0.00051
ROA	-34.5506	-3.8864	[.000]	***	-6.80581
NUMRELAT	0.0801	10.3871	[.000]	***	0.01578
HI	-0.5438	-5.2798	[.000]	***	-0.10711
Observations	13479				
R-squared	0.016112				
Log likelihood	-4865.83				

* significant at 10%, ** siginificant at 5%, *** significant at 1%

5.2 都銀をメインバンクとする非上場企業の推計結果

　次にメインバンクを都銀とする企業の場合を考察してみよう。H 期においては 7362 社のサンプルの中でメインバンクを変更したのは、18.1%にあたる 1331 社である。L 期においては 7433 社のサンプルの中でメインバンクを変更したのは、21.5%にあたる 1600 社である。

　リレーションシップバンキングは第 2 章でも述べたように、ソフト情報が重視され、借り手は中小企業、貸し手は中小金融機関とされている。したがって貸し手が都銀の場合、リレーションシップバンキングとは異なるメカニズムが作用する可能性がある。

　まず非上場企業の特性からみてみよう。非上場企業の成長性の項目については、H 期においては売上増加指数の符号は正、1%水準で有意、資本増加指数の符号は正、5%水準で有意である。しかし、L 期になるとこれらの符号は正であるが、有意ではない。従業員増加指数については、H 期では符号は負、L 期において符号は正と期によって異なるが、両期において有意ではない。企業規模を示す売上高の対数値の符号は両期ともに負で、0.1%水準で有意である。企業の代表者の変更は両期ともに符号は正であるが、有意ではない。

　操業年数は両期ともに符号は両期ともに負、0.1%水準で有意である。

　ハーフィンダール指数の符号は両期ともに正、0.1%水準で有意である。銀行競争が緩いほどメインバンクが変更されることになり、地域銀行の場合と正反対の傾向を示している。取引銀行数の符号は両期ともに正、0.1%水準で有意である。これは地域銀行の場合と同じ結果である。

　メインバンクの業績を示す ROA は H 期では符号は負、L 期では逆に符号は正で、いずれ

も 0.1％水準で有意である。H 期ではパフォーマンスの悪い銀行からは企業が離れてゆく傾向が見受けられ、地域銀行と同じ結果である。しかし L 期では符号が逆になりパフォーマンスの良い銀行と企業のメインバンク関係が終了している結果となっている。これは L 期においては ROA の高い都銀が企業との取引を解消しているためではないかと思われる。L 期の中でも特に 1997-98 年は不良債権を抱えた金融機関の経営悪化が大きな問題となり、大手金融機関の経営破綻が相次ぎ、金融危機が叫ばれるようになった。資金調達が困難になった金融機関は貸出の抑制や中小企業から貸出回収を行うようになった。L 期には銀行（特に都銀）が主導になりメインバンク関係を解消したと推測される。

　企業の交渉力を示す業界内地位として、県下ナンバーワン企業の符号は H 期では符号は正、5％水準で有意、L 期では逆に符号は負で、10％水準で有意である。経済成長の高い H 期では県下ナンバーワン企業ほどメインバンクを変更し、経済成長の低い L 期では県下ナンバーワン企業ほどメインバンクを変更しなかったことになる。地域銀行がメインバンクの企業の場合には、この変数は両期とも有意ではなかったが、都銀をメインバンクとする企業の場合には景気に敏感に反応している様子が伺える。

　上場企業系列については期によって結果が異なり、H 期では符号は正であるが、有意ではない。L 期では符号は正、10％水準で有意であり、上場企業の系列にある企業はメインバンクを変更する傾向にあることがわかるが、これは地域銀行をメインバンクとする企業でも同じ傾向であり、上場企業の系列であることにより reputation（評判・名声）が高まり、情報生産のコストが下がると考えるよりもむしろ、この時期に関連の上場企業がメインバンクを変更すると系列の中小企業は、それに連動してメインバンクを変更すると考えたほうが適切かもしれない。地域銀行をメインバンクとする場合も都銀をメインバンクとする場合にも L 期のみ有意ということは、この時期に上場企業のメインバンクの変更、あるいは銀行離れがあり、それに連動して関連の企業もメインバンクを変更したと思われる。

　これらの結果からは、都銀をメインバンクとする企業がメインバンクを変更する場合の特徴は、地域銀行の場合と少し異なる。成長性が高く、若く規模の小さい非上場企業で、取引銀行数が多い企業がメインバンクを変更する傾向にあることは地域銀行の場合と同じである。しかし、銀行競争、銀行の ROA、県下ナンバーワン企業に関しては地域銀行と異なる結果であった。

　銀行競争に関してはむしろ競争の穏やかな地域のほうがメインバンクを変更する傾向にあった。銀行の ROA は H 期には ROA の低い銀行が、L 期には ROA の高い都銀がメインバンクを変更する傾向にあった。また県下ナンバーワン企業は地域銀行の場合と異なり、変更に有意な影響を与える変数であった。

　都銀と非上場企業のメインバンク関係はリレーションシップバンキングの理論とは別の考え方が必要のようである。若い規模の小さい企業ほど都銀とのメインバンク関係を終了しているのは、（特に L 期に関しては）都銀が主導になり、力の弱い企業との取引を解消している

表13　probit推計結果（H期　都銀）

variable	coefficient	t-statistic	P-value		marginal effect
C	-0.0674	-0.3978	[.691]		-0.01727
GSALE	0.0301	2.8216	[.005]	***	0.00771
GCAPT	0.0188	2.0485	[.041]	**	0.00482
GEMPL	-0.0019	-0.3972	[.691]		-0.00049
KEIRET	0.0191	0.3869	[.699]		0.00488
PREFONE	0.1506	2.4640	[.014]	**	0.03856
ESTAB	-0.0070	-3.8937	[.000]	***	-0.00179
LnSALE	-0.1153	-5.3525	[.000]	***	-0.02952
CEO	0.0155	0.4300	[.667]		0.00397
ROA	-215.0180	-5.4965	[.000]	***	-55.06959
NUMRELAT	0.1011	9.7882	[.000]	***	0.02588
HI	0.4461	4.3664	[.000]	***	0.11425
Observations	7362				
R-squared	0.02361				
Log likelihood	-3389.88				

* significant at 10%, ** siginificant at 5%, *** significant at 1%

表14　probit推計結果（L期　都銀）

variable	coefficient	t-statistic	P-value		marginal effect
C	-0.3541	-2.2444	[.025]	**	-0.10152
GSALE	0.0195	1.5037	[.133]		0.00560
GCAPT	0.0085	0.8668	[.386]		0.00243
GEMPL	0.0360	1.3939	[.163]		0.01031
KEIRET	0.0853	1.7606	[.078]	*	0.02445
PREFONE	-0.0979	-1.8611	[.063]	*	-0.02806
ESTAB	-0.0065	-3.9256	[.000]	***	-0.00186
LnSALE	-0.1047	-5.3951	[.000]	***	-0.03003
CEO	0.0296	0.8717	[.383]		0.00848
ROA	33.9618	2.3205	[.020]	**	9.73580
NUMRELAT	0.0676	8.0545	[.000]	***	0.01937
HI	0.7023	6.3952	[.000]	***	0.20133
Observations	7433				
R-squared	0.018872				
Log likelihood	-3798.85				

* significant at 10%, ** siginificant at 5%, *** significant at 1%

のではないかと推測される。都銀をメインバンクとする非上場企業の推計結果について、H期は表13に、L期は表14に示される。

5.3 どの業態にリレーションシップを変更したのか

　都銀、地銀や第二地銀がメインバンクであった非上場企業が、どの業態にメインバンクを変更したかを示したのがH期については表15、L期については表16である。

　地銀からメインバンクを変更した非上場企業は、H期においては、上位業態である都銀へ20.0%、同業態である地銀へ38.3%変更し、下位業態へ33.8%変更しており、特に偏った傾向は見られない。これはL期についてもほぼ同様の傾向が見られる。

　一方、第二地銀からメインバンクを変更した中小企業は、H期については都銀と地銀合わせて上位業態へ73.8%、同業態である第二地銀へ12.5%、下位業態へ9.5%と圧倒的に上位業態への変更が多く見られる。L期にもやはり同様の傾向が見られる。

　都銀から他の都銀へのメインバンクを変更した企業がH期では44.6%であったのに対して、L期では38.5%に6.1ポイント減少している。これは地銀や信金など下位業態へ変更する企業が増加したためと思われる。この背景にはバブル崩壊後、都銀が企業への貸出に以前のような積極性を持たなくなったためと考えられる。

　またH期にメインバンクの変更があった非上場企業3442社のうち29.1%にあたる1000社がL期に再度メインバンクを変更している。これに対して、H期にメインバンクを変更しなかった非上場企業18464社のうち、L期にはじめてメインバンクを変更した企業は14.2%の2628社であり、一度メインバンクを変更した企業のほうがメインバンクを変更する割合が高いことがわかる（表3、表4参照）。

6.　今後の課題とリレーションシップを再度変更する場合の分析

　本章のリレーションシップ変更要因分析には以下の3つの点で今後の課題が残されている。

　第一に「企業交渉力」という点に関しては曖昧な部分が残されている。そもそも銀行主導による取引変更と企業側の意思によるメインバンク変更が識別しにくいということである。リレーションシップのメリットには長期継続的な銀行と中小企業の関係からソフト情報が銀行に吸収・蓄積され、情報の非対称性が緩和され、貸し出し審査が円滑化されるというものである。逆にデメリットとしては、ホールドアップ問題や追い貸しの問題が指摘されている。これらのメリット・デメリットが一般に指摘されてはいるが、必ずしも中小企業が自由に銀行との取引を開始・解消できるというわけではない。

　第二はswitching cost（メインバンク変更に伴う様々なコスト）を考慮した分析が今後必要であろう。switching costの一つに、わが国の中小企業貸出の特徴である不動産担保の問題がある。不動産担保貸出が中小企業に対する一般的な貸出形態であるわが国の貸出において、中小企業は所有の不動産に根抵当権を設定することが期待されている。

表15 メインバンク変更後の業態内訳(H期)

1980年業態	1990年業態	企業数	割合
都銀	都銀	492	44.6%
	地銀	352	31.9%
	第二地銀	101	9.2%
	信金	99	9.0%
	信組	6	0.5%
	その他	53	4.8%
	計	1103	100.0%
地銀	都銀	222	20.0%
	地銀	425	38.3%
	第二地銀	204	18.4%
	信金	159	14.3%
	信組	12	1.1%
	その他	87	7.8%
	計	1109	100.0%
第二地銀	都銀	104	20.9%
	地銀	263	52.9%
	第二地銀	62	12.5%
	信金	42	8.5%
	信組	5	1.0%
	その他	21	4.2%
	計	497	100.0%

　中小企業庁編(2003)では、従業員300人以下の企業の約8割がメインバンクへ担保を提供していることを示している。このことは、結局のところ、日本ではリレーションシップを変更することは、すなわち担保設定を変更することを意味することに他ならない。

　根抵当権は抵当権と異なり継続的な銀行と中小企業の関係の場合に行われる。担保の設定には設定費用がかかることで、リレーションシップを中断し、新たなリレーションシップを結ぶためには、取引費用がかかり、switching cost が発生することになる。このほか、謄本に根抵当権の設定・抹消が記載されることにより、リレーションシップの継続・中断・変更が謄本閲覧者に推測されることへの心理的抵抗も予想される。

　一般に銀行が不動産担保を徴求する際には、特殊なものを除けば根抵当権を利用するのが普通であり、反復継続して生ずる多数債権を一括担保できるという意味において、銀行・企業の双方に都合が良い。根抵当権は、極度額を限度として一定の範囲に属する不特定の債権を担

表16 メインバンク変更後の業態内訳（L期）

1990年業態	2000年業態	企業数	割合
都銀	都銀	503	38.5%
	地銀	423	32.4%
	第二地銀	103	7.9%
	信金	163	12.5%
	信組	4	0.3%
	その他	111	8.5%
	計	1307	100.0%
地銀	都銀	246	20.1%
	地銀	447	36.5%
	第二地銀	221	18.0%
	信金	184	15.0%
	信組	19	1.5%
	その他	109	8.9%
	計	1226	100.0%
第二地銀	都銀	92	22.5%
	地銀	214	52.5%
	第二地銀	31	7.6%
	信金	34	8.3%
	信組	2	0.5%
	その他	35	8.6%
	計	408	100.0%

保するものである。これに対して抵当権は特定の債権を担保するものであり、その債権が消滅すれば抵当権も消滅するが、根抵当権の場合は、被担保債権が消滅しても根抵当権は消滅せず、新しく発生する債権を担保する。したがって根抵当権は、極度額の枠の中で継続的に担保することが可能となる。

　中小企業と銀行との間に長期継続的な関係が存在するのは、貸出手法の一つとして銀行が中小企業のソフト情報を入手蓄積し、情報の非対称性を緩和し、貸出審査を円滑に行うためにリレーションシップを構築してきたという理由のみならず、不動産担保を銀行が徴求する慣行、とりわけ根抵当権制度が、企業と銀行の継続的関係を促進する大きな要因の一つであったと考えられ、これを支えたものとして銀行取引約定書があると思われる。

　第三は必ずしもリレーションシップの変更が経済合理性に基づくとは限らないということだ。しかし中小企業経営者の心理的な要因を考慮した分析は簡単ではない。取引銀行を変更する中小企業経営者の「癖」のようなものがあるのではないかと思われる。たとえば、転職を繰り返す会社員が必ずしも経済合理性のみで判断して勤務先を変わっているわけではなく、そ

こには、その会社員の「行動の癖」のようなものがあるのではないかと考えられるということだ。そこで、H期（1980-1990年）にリレーションシップを変更した非上場企業が、L期（1990-2000年）においても再び、リレーションシップを変更する割合を調査する。

　表17は都道府県別に、H期にリレーションシップを変更した非上場企業が、L期においても再び、リレーションシップを変更する割合を調査したものである。業態は1990年時点の業態を示している。

　業態全体で見た場合の変更する割合の全国平均は29.9％である。すなわちH期にリレーションシップを変更した企業の約3割が再びL期にリレーションシップを変更することを示している。表3では、H期全業態平均のリレーションシップの継続率は、84.3％、表4ではL期全業態平均のリレーションシップの継続率は83.4％であることを示した。すなわち、リレーションシップ変更の割合はH期、L期いずれも約15％であると言えよう。しかるに、一度、リレーションシップを変更した企業の約3割がリレーションシップを変更するということは注目に値するであろう。

　再度、変更する割合が半分以上という県は、奈良64.3％、富山56.6％の2県である。40％以上の県は、山口42.1％、香川40.8％である。都市部よりも地方の非上場企業のほうがリレーションシップを再度変更する割合が高いように思われる。

　都道府県別に信用金庫の貸出残高をもとに算出したハーフィンダール指数と再度のリレーションシップ変更割合の相関係数は、－0.153で、貸出競争と再度のリレーションシップ変更の間には有意な相関が見られなかった。

　業態別リレーションシップの継続率は表3、表4で示されるように、地銀はH期90.2％、L期89.5％ともっとも継続率が高い。逆に言えば、リレーションシップを中断する割合は、9.8％、10.5％と最も低いことになる。しかしながら、表17が示すように再度リレーションシップを変更する割合は、地銀が31％と最も高い数値を示しているのである（業態別に見た場合、サンプル数に偏りがあるため、厳密には言えないが）。

　このことからは、地銀は非上場企業にとって、もっともリレーションシップが継続的な取引金融機関であるが、一度そのリレーションシップを中断変更すると再び、リレーションシップを変更する割合がもっとも高い業態であると言える。

　経済合理性だけで判断できない、中小企業経営者の意思決定のメカニズムの解明は今後の課題であろう。

表17　再度リレーションシップを変更する企業の割合（%）

	都銀	地銀	第二地銀	信金	信組	その他	全体
北海道	15.5	33.3	18.2	17.6	0.0	100.0	21.6
青森	0.0	21.4	0.0	100.0	0.0	0.0	17.9
岩手	0.0	24.2	50.0	80.0	0.0	100.0	34.0
宮城	23.5	43.3	20.0	15.4	0.0	0.0	27.7
秋田	0.0	34.8	20.0	25.0	0.0	0.0	28.9
山形	25.0	25.0	14.3	0.0	0.0	33.3	20.7
福島	25.0	25.0	10.3	35.7	20.0	0.0	21.8
茨城	22.2	15.4	42.9	15.4	100.0	50.0	29.6
栃木	23.5	45.0	22.2	0.0		50.0	29.8
群馬	18.2	39.5	50.0	33.3	25.0	33.3	35.0
埼玉	31.7	20.0	36.0	17.9		33.3	28.4
千葉	30.6	31.4	46.7	50.0	66.7	20.0	35.5
東京	33.1	38.5	30.8	34.1	33.3	46.2	34.0
神奈川	22.1	27.3	27.3	45.7	0.0	35.7	30.2
新潟	14.3	26.9	12.9	10.0	66.7	0.0	21.4
富山	33.3	63.6	16.7	64.7	0.0	33.3	56.6
石川	33.3	27.6	12.5	20.0	0.0	0.0	23.8
福井	66.7	36.1	40.0	44.4	0.0	0.0	39.6
山梨	7.7	45.5	0.0	33.3	75.0	33.3	32.4
長野	30.0	25.6	27.3	29.4	37.5	40.0	29.1
岐阜	25.0	32.0	37.5	20.0	0.0	33.3	28.3
静岡	30.6	31.7	21.4	36.2	0.0	15.4	30.9
愛知	28.7	0.0	0.0	30.4	0.0	33.3	24.0
三重	4.5	23.3	0.0	25.0	0.0	50.0	15.4
滋賀	37.5	40.0	20.0	20.0	0.0	0.0	27.3
京都	29.4	16.1	50.0	28.6	100.0	33.3	27.7
大阪	28.5	46.7	38.9	34.8	50.0	25.0	31.4
兵庫	33.3	15.0	34.6	35.5	50.0	57.1	34.8
奈良	100.0	43.8	0.0	0.0	0.0	25.0	64.3
和歌山	33.3	40.0	42.9	50.0	0.0	0.0	37.0
鳥取	0.0	37.5	66.7	0.0	0.0	0.0	31.3
島根	0.0	25.0	50.0	50.0	0.0	0.0	25.0
岡山	42.1	30.3	36.0	46.7	50.0	40.0	37.4
広島	24.3	25.4	26.9	21.9	14.3	0.0	24.7
山口	45.5	52.8	31.6	22.2	0.0	0.0	42.1
徳島	0.0	30.4	0.0	0.0	0.0	25.0	23.5
香川	0.0	38.7	37.5	100.0	0.0	66.7	40.8
愛媛	33.3	19.5	16.7	42.9	0.0	33.3	23.1
高知	100.0	36.4	0.0	25.0	0.0	100.0	33.3
福岡	23.5	28.9	40.5	11.1	0.0	43.8	30.1
佐賀	0.0	15.4	0.0	20.0	33.3	0.0	16.7
長崎	40.0	14.9	31.6	0.0	50.0	100.0	25.9
熊本	23.1	42.3	41.7	50.0	0.0	0.0	37.5
大分	0.0	26.3	12.5	25.0	50.0	33.3	24.3
宮崎	0.0	40.0	20.0	0.0	0.0	0.0	33.3
鹿児島	10.0	37.5	33.3	25.0	33.3	25.0	27.5
沖縄	0.0	10.5	0.0	0.0	0.0	0.0	8.3
全国平均	24.4	31.0	25.3	29.6	18.2	28.7	29.9

7. むすびに

　本稿では、企業と金融機関のリレーションシップが終了する場合に注目し、全国47都道府県から、非上場企業を抽出し、H期およびL期の期間について各々実証分析を行い、メインバンクを変更する非上場企業の特徴を明らかにした。

　地域銀行をメインバンクとする非上場企業についてメインバンク変更有無の要因についてprobit model による分析を行った結果、成長性が高く、操業年数が短く、企業規模が小さく、メインバンクの ROA が低く、取引銀行数が多く、当該地域の銀行間競争が激しい非上場企業がメインバンクを変更する傾向があることがわかった。

　地銀は上位業態にも下位業態にも同程度の変更が見られたが、第二地銀をメインバンクとする企業は地銀や都銀など上位業態へ変更する傾向が見られた。

　都銀をメインバンクとする企業の場合の probit 分析では、H 期に関しては地域銀行とほぼ同様の結果が見られたが、L 期においては成長性の高い企業がメインバンクを変更しているという結果は見られなかった。これは景気が低迷した L 期には、都銀が中小企業取引に消極的であったと考えられる。L 期には都銀から地銀や信金へのメインバンク変更割合が増えたのも、このことと整合的である。地域密着型金融の中心になるのは地域金融機関であると再認識させられる現象である。

　リレーションシップバンキングが地域金融におけるビジネスモデルとされ、地域密着型金融の必要性が説かれている。しかし、メインバンクを地域銀行とする成長性の高い若い企業は、長期継続的な関係を維持するよりもむしろメインバンクを変更する傾向が見受けられた。

　H期（1980-1990年）のリレーションシップの継続率は84.3%、L期（1990-2000年）のリレーションシップの継続率は83.4％であった。すなわち、リレーションシップ変更の割合は約15％である。しかし20年の間に一度ならず2度もメリレーションシップを変更する企業に注目すると、一度リレーションシップを変更した企業は、約3割（29.9％）が再びリレーションシップを変更することがわかった。

　このように再度リレーションシップを変更する非上場企業の割合が3割もあることや、若く成長性の高い非上場企業ほどリレーションシップを変更する傾向があることは、地域密着型金融の限界といえよう。

第4章

取引銀行数はどのように決まるのか

1. はじめに

　本章では、第3章と同じ非上場企業のデータを用いて、取引銀行の数（リレーションシップの数）が、どのような要因で決定されるのかを考察する。企業要因、人的要因、市場要因の3つの要因を考える。

　まず企業要因としては、企業の操業年数、企業規模、企業の成長性、企業の特殊性の4点を考える。企業の操業年数は、創業から分析対象期間の最初の年である1980年までの年数を用いる。歴史の長い企業ほど、「つきあい」の機会が多く、取引銀行数は増加すると思われる。

　企業規模は売上高、資本金額、従業員数で示す。規模が大きいほどビジネス取引は拡大し、金融取引に関しても例外ではないと思われ、取引銀行数は増加すると予想される。

　企業の成長性については、売上高、資本金額、従業員数の各々について、H期（1980-1990年）、L期（1990-2000年）のそれぞれの増加指数で示す。企業の成長性が取引銀行数に与える影響は正負の両面が考えられるであろう。すなわち、企業はその成長とともに取引銀行数を拡大するとも考えられるが、逆に成長が低迷している場合に、アベイラビリティ確保のために取引銀行数を増加させるとも考えられる。

　企業の特殊性として、当該企業が県下同業種の中で売上がナンバーワンか否かを示すダミー変数を考える。県下ナンバーワン企業はその reputation ゆえに銀行からの信用度も高くアベイラビリティの確保にそれほど苦労することはないため取引銀行数を増やす必要がないと考えられる。逆に reputation が高ければ地域での「つきあい」も広がり取引する銀行数が増加するとも考えられる。さらに当該企業が上場企業の系列下にあるか否かを示すダミー変数を考慮する。これは、これは、系列企業の場合、どのような銀行と何行取引するかは、上場企業の一存で決定される可能性を考慮するためである。

　第二に人的要因として企業の代表者変更有無のダミー変数を用いる。リレーションシップ貸出においては、長期継続的なリレーションシップを構築することにより、ソフト情報を吸収し、情報の非対称性を緩和し、貸出審査のコストを引き下げ、中小企業貸出を円滑にするとされている。ソフト情報の吸収・蓄積にはローン・オフィサー（融資担当者）が重要な役割を果たすとされているが、わが国の金融機関では、ジョブ・ローテーションが頻繁に行われるため、ローン・オフィサーと中小企業の経営者（もしくは財務担当者）とのリレーションシップの状況を調査するのは困難が伴う。そこで、本稿では、企業の経営者の交代が過去、10年間

に行われたか否かというダミー変数で、人的なリレーションシップを示すことにする。同一の企業経営者であればリレーションシップが構築しやすいので、経営者の変更がなければ取引銀行数は少ないと考えられ符号は負が期待される。

　第三に市場要因は市場の競争度として、地銀・第二地銀・信金の貸出残高に準拠した県別のハーフィンダール指数を用いる。競争度が高いほど、取引銀行数は増加すると考えられる。以上の要因を考慮した取引銀行数の決定要因を分析するモデルは下記のように考えられる。

$$NUMRELAT$$
$$=Const+ESTAB+LnSALE+CAPT+EMPL+GSALE+GCAPT+GEMPL$$
$$+PREFONE \ +KEIRET+CEO+HI+u$$

ただし
　　$NUMRELAT$：取引銀行数
　　$ESTAB$：操業年数
　　$LnSALE$：売上高の対数値
　　$CAPT$：資本金額
　　$EMPL$：従業員数
　　$GSALE$：売上高増加率
　　$GCAPT$：資本金増加率
　　$GEMPL$：従業員増加率
　　$PREFONE$：県下ナンバー1企業の場合1、それ以外は0のダミー変数
　　$KEIRET$：上場企業の系列企業の場合1、それ以外は0のダミー変数
　　CEO：当該企業の代表者に変更があった場合1、変更がない場合0のダミー変数
　　HI：ハーフィンダール指数

　推計は取引銀行数を被説明変数とする OLS で行う。地域銀行（地方銀行と第二地方銀行）と都市銀行をそれぞれメインバンクとする非上場企業のサンプルに分け、期間は H 期、L 期の二つの期間に分けた分析を行う。

2.　地域銀行をメインバンクとする非上場企業の分析
　まず、地域銀行をメインバンクとする非上場企業をサンプルとした H 期（1980-1990 年）の分析結果である。操業年数の符号は正、1％水準で有意である。このことは、操業年数が長いほうが、取引銀行数も多いことが示される。企業規模の変数である、売上高（対数値）、資本金、従業員数の符号は 3 つともすべて正、1％水準で有意であり、企業規模が大きいほど、取引銀行数は増えることになる。

企業の成長性の指標に関しては、売上高の増加指数および従業員増加指数の符号はともに負、1%水準で有意であった。このことは、企業の成長性がマイナスの場合の方が、取引銀行数が増えることを示す。企業の成長性が鈍化した場合、中小企業は資金調達の選択肢を拡大しようとする行動を選択し、取引銀行数が増えると考えられる。しかし資本の増加指数の符号は正で有意ではなかった。

　企業の特殊性を示す県下ナンバーワン企業ダミー変数は、符号は正で有意ではなかった。また上場企業の系列ダミーの符号は正、1%水準で有意であり、上場企業系列であることは取引銀行数を増やすことを意味する。

　企業の代表者の変更は、符号は負、5%水準で有意であり、代表者の変更がない企業ほど、取引銀行数は多くなる傾向がわかる。このことは、中小企業の代表者が変更されず、継続すれば、それだけ金融機関側はソフト情報の入手・吸収・蓄積が容易になり、企業側も新たなリレーションシップを構築する必要がないと考えられ、取引銀行数を増加させる必要性が減少するためと推測される。

　市場要因を示すハーフィンダール指数の符号は負、1%水準で有意であり、貸出競争が激しい地域に立地する企業のほうが、取引銀行数が多いことが理解できる。

　L期（1990-2000年）の地域銀行をメインバンクとする非上場企業においても、ほぼ同様の結果が見られる。操業年数の符号は正、1%水準で有意であった。企業規模を示す3つの変数の符号はすべて正、1%水準で有意であり、企業規模が大きな企業ほど取引銀行数が多い。

　売上高増加指数に関しては、H期と同様に符号は負、1%水準で有意であるが、従業員の増加指数の符号は正で10%有意である。従業員に関しては、必ずしも雇用調整が短期間で可能というわけでもなく、企業の成長性に連動しているとは限らないのかもしれない。

　県下ナンバーワン企業のダミー変数については、L期では符号は正、1%水準で有意であった。上場企業系列ダミーの符号は負で有意ではなかった。上場企業の方針によって系列企業の取引銀行数に影響をしたりしなかったりするのではないかと思われる。代表者の変更ダミーの符号は負、1%水準で有意であった。これら地域銀行の取引銀行数の分析結果はH期については、表1に、L期の分析結果については、表2に示される。

3.　都市銀行をメインバンクとする非上場企業の分析

　次にメインバンクを都市銀行とする非上場企業の取引銀行数の分析結果を見てみよう。操業年数の符号はH期L期ともに符号は正、1%水準で有意で、地域銀行と同じく操業年数が長い企業のほうが取引銀行数は多いという結果である。企業規模を表す変数は、H期において、売上高（対数値）および従業員数の符号は正、1%水準で有意、資本金の符号は正、10%水準で有意である。L期には、企業規模を表す変数は、3つとも符号は正、1%水準で有意であり、企業規模が大きいほど取引銀行数が多いことを示している。これらは地域銀行と同じ分析結果である。

表1　地域銀行1980-1990年

	係数	t 値	
CONST	-0.371	-2.665	***
GSALE	-0.038	-4.713	***
GCAPT	0.003	0.439	
GEMPL	-0.077	-4.044	***
KEIRET	0.143	3.382	***
PREFONE	0.046	1.245	
ESTAB	0.005	4.308	***
LnSALE	0.502	28.007	***
CAPT	3.05E-06	2.692	***
EMPL	0.001	8.935	***
CEO	-0.062	-2.298	**
HI	-1.195	-13.114	***
修正R2		0.133	
サンプル数		13021	

***は1%有意、**は5%有意、*は10%有意を示す

表2　地域銀行1990－2000年

	係数	t 値	
CONST	3.524	41.246	***
GSALE	-0.053	-5.753	***
GCAPT	-0.013	-1.471	
GEMPL	0.036	1.746	*
KEIRET	-0.079	-1.550	
PREFONE	0.320	7.803	***
ESTAB	0.010	7.052	***
LnSALE	6.50E-05	16.484	***
CAPT	6.64E-06	4.854	***
EMPL	0.003	15.802	***
CEO	-0.092	-2.852	***
HI	-1.166	-10.138	***
修正R2		0.115	
サンプル数		13477	

***は1%有意、**は5%有意、*は10%有意を示す

表3 都市銀行1980-1990年

	係数	t 値	
CONST	-1.880	-9.644	***
GSALE	-0.047	-5.095	***
GCAPT	0.005	0.488	
GEMPL	0.005	2.393	**
KEIRET	-0.081	-1.468	
PREFONE	-0.036	-0.515	
ESTAB	0.019	10.106	***
LnSALE	0.632	25.376	***
CAPT	1.97E-06	1.895	*
EMPL	6.48E-04	3.873	***
CEO	-0.034	-0.870	
HI	-0.321	-2.765	***
修正R2		0.154	
サンプル数		7364	

***は1%有意、**は5%有意、*は10%有意を示す

表4 都市銀行1990-2000年

	係数	t 値	
CONST	3.270	26.794	***
GSALE	-0.897	-0.455	
GCAPT	-0.010	-0.679	
GEMPL	0.083	2.133	**
KEIRET	-0.162	-2.350	**
PREFONE	0.215	2.920	***
ESTAB	0.022	9.683	***
LnSALE	2.46E-05	8.654	***
CAPT	6.12E-06	6.527	***
EMPL	2.51E-03	12.791	***
CEO	-0.097	-2.004	**
HI	-0.073	-4.591	***
修正R2		0.078	
サンプル数		7430	

***は1%有意、**は5%有意、*は10%有意を示す

企業の成長性を示す変数については、H 期、L 期ともに従業員増加指数の符号は正、5%水準で有意であるが、売上高増加指数の符号は H 期、L 期ともに負で、H 期では 1%水準で有意、L 期では有意ではなかった。企業の成長性の変数に関して正負いずれの影響もあった。県下ナンバーワン企業は H 期では符号は負で有意ではないが、L 期では符号は正、1%水準で有意である。上場企業系列ダミーは H 期では符号は負で有意ではないが、L 期では符号は正、1%水準で有意であった。これら企業の特殊性を示す変数は正負いずれの影響もあった。

ハーフィンダール指数に関しては H 期、L 期ともに符号は負、1%水準で有意で、地域銀行と同じく競争の激しい地域ほど取引銀行数が多いという結果であった。これら都市銀行をメインバンクとする非上場企業の分析結果は、H 期は表 3 に、L 期は表 4 に示される。

4. むすびに

非上場企業の取引銀行数で一行取引の数の割合は全国平均では 5.3%であり、ヨーロッパの平均よりも少ない。県別には沖縄、宮城、福井は 1 行取引の割合は高く、鳥取、島根は低い。地域銀行をメインバンクとする企業よりも、都市銀行をメインバンクとする企業の方が、取引銀行数は多く、1990 年よりも 2000 年に多い傾向にある。

取引銀行数の要因分析の結果、企業規模が大きいほど、操業年数が長いほど、貸出市場の競争が激しいほど、取引銀行数は多くなると考えられる。企業の成長性については、売上高の増加指数が下がる場合の方が、取引銀行数が増加する傾向があり、非上場企業は成長性が低下すると資金調達が困難になることを危惧して取引銀行数を増加させると考えられる。

このことは地域金融機関が単独行取引で企業と強いリレーションシップを築いても、取引先の企業は成長性が高くなるわけではないことを示唆している。

企業の代表者の変更は、地域銀行をメインバンクとする企業の H 期（1980-1990 年）および L 期（1990-2000 年）の両期において、また都市銀行をメインバンクとする企業の L 期（1990-2000 年）において、符号は負で有意であった。すなわち、代表者の変更がないほうが、取引銀行数が増加する傾向にあった。このことは、企業の代表者が変更されず、継続すれば、それだけ金融機関側はソフト情報の入手・吸収・蓄積が容易になり、企業側も新たなリレーションシップを構築する必要がないと考えられ、取引銀行数が減少すると考えられる。

都銀をメインバンクとする非上場企業は一般に規模も大きく、取引銀行数が多いと考えられる。またバブル崩壊、金融危機があった L 期のほうが企業はアベイラビリティ確保のため取引銀行数を増加させたと考えられる。

第5章

地域密着型金融におけるホールドアップ問題

1. はじめに

本章では、47都道府県別にリレーションシップの状況と貸出金利の関係を様々な角度から分析し、ホールドアップ問題を考察する。

Kano and Tsutsui（2003）では、わが国の貸出市場が分断されていることを実証した。加納（2004b）では、この分析結果を受け、貸出市場が都道府県別に分断されているという前提のもとに、1997年3月末時点の全国信用金庫の貸出金利を都道府県別に示し、貸出金利の高低で47都道府県に順位をつけ、高金利県グループと低金利県グループに分け、リレーションシップとの関連で分析を行った。

この順位によれば、高金利の上位3県は、宮崎・高知・青森で、低金利の上位3県は愛知・京都・岐阜であった。この2つのグループを比較すると、高金利グループのメインバンク継続率はH期89.0％、L期86.1％であるのに対して、低金利県グループはH期84.4％、L期83.9％であり、高金利県グループの方が、メインバンク継続率が高いことを示した。

2. メインバンク継続率の実態と貸出金利

以下では都道府県別のデータを用いてL期の地域別のメインバンク継続率と地域別の貸出金利について、金融機関の業態別にスピアマンの順位相関係数を算出する。

ただし、この分析にはデータ入手の制約から生ずる様々な分析の限界がある。すなわち、本章の分析は全国非上場企業3万社のデータを基にしているが、メインバンク継続率は都道府県別に算出されている。また貸出金利の順位については、加納（2004b）と同様に、信金については1997年3月末時点の貸出金利を都道府県別に順位づけており、信金も信金以外の金融機関も同様に貸出を行う際の金利の高低にはこの序列があると仮定している。両者の相関分析は、いわば都道府県の平均値を比較することとなり、個社別のリレーションシップの期間と貸出金利を比較するものではない。また、当該地域の好不況、企業の借入依存度や財務内容等に関する統計的な歪みはないことが前提となることに留意が必要である。

測定結果は、表1に示される。全業態の合計で分析した場合の相関係数は0.3207（5％水準で正の有意な相関）である。つまり、わが国の地域金融においてはリレーションシップの期間が長い地域のほうが貸出金利の高い地域を形成することになり、ホールドアップ問題の存在が懸念されることとなる。

メインバンクの業態別にみると、都銀をメインバンクとする非上場企業の場合、相関係数は－0.4418（1%水準で負の有意な相関）、地銀の場合は 0.3361（5%水準で正の有意な相関）、第二地銀の場合は 0.1617（有意性は低い）、信金の場合は－0.4900（0.1%水準で負の有意な相関）である。

表1 メインバンク継続率と貸出金利の関係

業態	スピアマンの順位相関係数
都銀	−0.4418 **
地銀	0.3361 *
第二地銀	0.1617
信金	−0.4900 **
全業態	0.3207 *

**は1%水準で有意、*は5%水準で有意

メインバンクが都銀あるいは信金の場合、リレーションシップの期間と貸出金利には負の相関があり、リレーションシップの期間が長いほど貸出金利が低くなる地域が形成されている傾向がみられることとなる。しかし、逆に地銀の場合には正の相関があり、リレーションシップの期間が長いほど貸出金利が高い地域を形成し、ホールドアップ問題が懸念されることとなる。全業態合計の場合の正の相関には、地銀のサンプル数が多いことが影響していると思われる。

　こうした結果についての１つの大胆な解釈は、都銀をメインバンクとして取引している非上場企業は大企業が多く、また信金は地域企業と密着型であることから、企業側のバーゲニングパワーが強く正の相関となり、一方地銀に関しては地域のリーディングバンクであることが多く、非上場企業との取引交渉上も有利に作用すると解釈するものである。しかし、非上場企業特有のデータ上の制約から、本分析および分析結果の解釈には限界があることは否めない。非上場企業の詳細な財務内容を把握し、さらに地域特性等をコントロールし、非上場企業の個社別の借入金利データを入手して分析する等、より精緻な実証分析が今後の課題として残されている。

3. 市場集中度
3.1 市場集中度とリレーションシップ
　本節では、リレーションシップバンキングにおける市場集中度について都道府県別メインバンクの観点から考えてみよう。

　Ongena and Smith（2000a）では、市場集中度として貸出残高をもとに上位３行のシェアを合計したものを用いて、銀行取引数と市場集中度に負の相関があることを示している。こうした成果を踏まえて、本節では都道府県別に当該銀行がメインバンクの地位を占める非上場

企業の割合を都道府県別非上場企業数全体で除したものをメインバンク・シェアと新たに定義し、その割合が上位 3 行までを合計した数値による市場集中度をメインバンク集中度（%）と呼ぶことにする。

　都道府県別メインバンク集中度は図 1 に示される。全国平均は 74.4%であり、3 行で非上場企業の 7 割以上を支配していることになる。最も低いのは大阪(45.2%)、逆に最も高いのは沖縄(97.5%)である。

図1　メインバンク集中度（2000年）

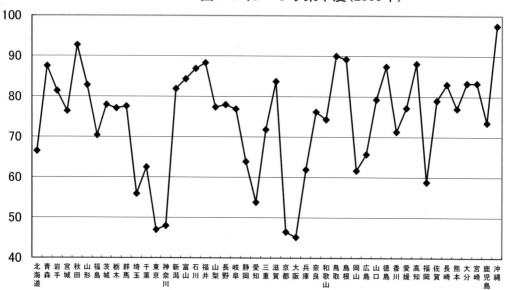

3.2 メインバンク集中度と貸出金利の関係

　47 都道府県のデータを用いてメインバンク集中度と貸出金利のスピアマンの順位相関係数を算出すると 0.5582 となり、0.1%水準で有意な正の相関がある。すなわちメインバンク市場集中度が高い地域ほど貸出金利が高い地域を形成するという傾向があることとなる。メインバンク集中度の高い地域は貸出の市場集中度も高く、メインバンクの変更が行われ難い。長期的なリレーションシップによって銀行が非上場企業の経営情報を占有することとなり、ホールドアップ問題を生じさせ、貸出金利の高い地域を形成している可能性が示唆される。

4.　リレーションシップの数

4.1 諸外国と日本のリレーションシップの数

　本節では、リレーションシップの数として取引銀行の数を都道府県別に調査し、メインバンク集中度、メインバンク継続率や貸出金利との関係で考察する。まず、取引銀行数についてヨーロッパや米国との比較を行う。

Ongena and Smith (2000b) では、ヨーロッパ 22 カ国の 1,079 社の調査で、取引銀行数を調査している。平均取引銀行数は 5.6 行であり、最高の取引銀行数はイタリアの 70 行である。平均の取引銀行数で最も多いのはイタリアの 15.2 行、最も少ないのはノルウェーの 2.3 行である。サンプル全体でみた場合、1 行のみと取引している企業は 14.5％、2 行取引は 18.8％、3〜7 行取引は 47.0％と最も多い。8 行以上取引は 19.7％である。対照的な国としてイタリアとスイスが挙げられる。イタリアでは 1 行取引は 3.1％、8 行以上の取引は 70.3％であるのに対して、スイスの場合は各 41.7％、8.3％である。国によって平均取引銀行数には差があり、イギリス、ノルウェー、スウェーデンは 2〜3 行であるが、イタリア、ポルトガル、フランス、ベルギーは 10 行以上の取引がある。Ongena and Smith は、これから、①調査対象の国全てで複数の銀行取引は一般的である、②大企業ほど多くの銀行と取引する傾向がある、③国によっては 1 行取引や少数の銀行のみと取引するのが一般的ということもあるが、そうした取引方法はその他の国では例外的である、といった 3 つの特徴を挙げている。

表 2 は、Ongena and Smith (2000b) に準じて、ヨーロッパ 22 カ国と日本全国 47 都道府県について、取引銀行数を 1 行取引、2 行の取引、3 行から 7 行の取引、8 行以上に分類しての取引銀行数の構成比を示したものである。2 行取引の構成比はヨーロッパ 18.8％、日本 15.8％とほぼ同程度であるが、1 行取引については、日本はヨーロッパの半分以下の 5.3％である。逆に 3 行から 7 行の取引については、日本は 7 割を占めるが、ヨーロッパは半数弱である。一方、Berger et al. (2004) が分析に用いた米国の中小企業のサンプルでは、1 行取引の割合が日本・ヨーロッパに比してかなり高く、小銀行では 61.6％、大銀行の場合には 41.0％である。

表2　ヨーロッパと日本の取引銀行数比較

	平均取引銀行数	取引銀行数の構成比 ％			
		n=1	n=2	n=3to7	n>7
イタリア	15.2	3.1	3.1	23.4	70.3
ポルトガル	11.5	5.1	2.6	30.8	61.5
フランス	11.3	4.2	4.2	33.3	58.3
ベルギー	11.1	0.0	25.0	25.0	50.0
スペイン	9.7	1.5	7.4	44.1	47.1
ドイツ	8.1	15.9	7.9	39.7	36.5
スイス	3.6	41.7	19.4	30.6	8.3
英国	2.9	23.2	27.5	45.7	3.6
スエーデン	2.5	22.9	33.3	43.8	0.0
ノルウエー	2.3	26.8	34.1	39.0	0.0
ヨーロッパ22ヶ国平均	5.6	14.5	18.8	47.0	19.7
日本の非上場企業		5.3	15.8	70.4	8.5

出所：Ongena and Smith[2000b] より一部引用及び筆者調査

4.2 日本の非上場企業の取引銀行数とメインバンク集中度

　本分析で使用する企業データは、取引銀行数が最大 10 行までしか表示されていないという制約があるため、取引銀行数ではなく取引銀行数の構成比を都道府県別で示すという手法を用いる。したがって、表 2 で日本の非上場企業の平均取引銀行数は示されていない。取引銀行数の構成比を全国平均でみると、1 行取引は 5.3%、2 行取引は 15.8%、3 行取引は 21.8%、4 行 19.7%、5 行 14.3%、6 行取引 8.9% で 3 行取引が最も多い。1 行取引の割合が最も高い県は沖縄（18.2%）である。逆に最も少ないのは島根県（1.3%）である。1 行取引先と 2 行取引先を合計した割合でみても、島根県は最も少なく（3.2%）、沖縄は最も高い（53.5%）。また、**Ongena and Smith**（2000a）では、取引銀行数と市場集中度の間に負の相関があることを示している。わが国について都道府県のベースで同様の分析を行うと、1 行取引の構成比とメインバンク集中度の相関係数は 0.4960（0.1% 水準で正で有意）である。逆に 5 行以上の構成比とメインバンク集中度の相関係数は −0.6939（0.1% 水準で負で有意）となる。すなわち、取引銀行数の少ない都道府県ほど、メインバンク集中度が高い地域を形成するという傾向を示している。このことは、取引銀行数が市場集中度と負の相関があることを示す **Ongena and Smith** の結果と整合的である。

4.3 リレーションシップの数とメインバンク継続率

　次に、リレーションシップの数とリレーションシップの期間について考えてみよう。リレーションシップの数は取引銀行の数で示され、リレーションシップの期間には L 期のメインバンク継続率を用いる。

　リレーションシップの数（n）とメインバンク継続率の関係は第 3 章の表 6 に示される。このうち、n =1 すなわち 1 行取引の場合のメインバンク継続率は、全国平均で 95.4% とかなり高く、しかもメインバンク継続率 100%、すなわちメインバンクを全く変更することのない県は以下の 13 県にものぼる。青森、秋田、山梨、三重、奈良、鳥取、島根、岡山、徳島、愛媛、大分、宮崎、鹿児島である。このうち、宮崎・青森は高金利県上位 3 県の 2 県である。

　取引銀行数が 2 行から 5 行までの場合、メインバンク継続率が 100% という県は存在しない。取引銀行数が 6 行の場合には、メインバンク継続率 100% の県は 2 県、7 行の時は 4 県、8 行の時は 5 県であり、1 行取引の時、いかにメインバンク継続率が高いかがわかる。取引銀行の数が 2 行の場合のメインバンク継続率は全国平均で 89.1%、8 行の場合は 78.8% であり、リレーションシップの数が少ないほどメインバンク継続率が高いことが明らかである。

4.4 リレーションシップの数と貸出金利

　リレーションシップが複数の場合に貸出のアベイラビリティや貸出条件に与える影響の研究については、相反する見解がある。**Petersen and Rajan**（1994）や **Cole**（1998）は、複数行と取引のある企業は、単独銀行との取引企業に比べて金利が高くなりがちで、借入制約に陥

り易いとする。逆に、**Houston and James**（1995）では、単独の銀行との取引企業の銀行借入に対する依存度は、将来の成長可能性と負の相関関係にあり、複数行との取引企業は正の相関関係にあるとしている。

翻って、わが国ではどうであろうか。「金融環境実態調査」（2002年11月）においては、取引銀行数が多いほど、貸出金利が高水準となっている。しかし、メインバンクが融資に積極的な企業に絞って、金利と取引銀行数の関係をみると、取引銀行数が多くなるにつれて金利が低下していくことが示されている。

これまで行ってきた分析と同様に、貸出金利の高低で全国47都道府県に順位をつけ、リレーションシップの数との関係をみていこう。そのため、これらの構成比と貸出金利の順位について各々、スピアマンの順位相関係数を算出する。

1行取引の構成比と貸出金利の順位には0.3861（1%水準で有意）、1行取引と2行取引の合計の構成比と貸出金利の順位には0.4075（1%水準で有意）の相関がみられる。5行以上取引の構成比と貸出金利の順位には、－0.3782（5%水準で有意）で、負の相関がみられる。

このことから、取引銀行の数が少ない地域ほど貸出金利が高い地域と言える。すなわち、少数の銀行とリレーションシップが深まることは、借り手にとって金利面からは必ずしも良いとは限らないことになる。1行取引の場合、金融機関は情報を独占している可能性があり、ホールドアップ問題の存在が懸念される。

5.　むすびに

本章では、47都道府県の貸出金利、メインバンク継続率、メインバンク集中度、取引銀行数の4項目の相互関係について分析を行った。その結果、高金利の地域は低金利の地域に比して、メインバンク継続率およびメインバンク集中度は高く、取引銀行の数は少ないという傾向があることが明らかとなった。このことは、メインバンク継続率の高い地域、すなわちリレーションシップが継続的な地域では、貸出金利が高い地域を形成し、業態によってはホールドアップ問題が生じている可能性を示唆するものである。

これらの分析結果は地域密着型金融の限界を示すものといえよう。

第6章

地域密着型金融は中小企業を成長させたのか

1.　はじめに

　リレーションシップを通じて地域金融機関は中小企業のソフト情報を蓄積し、中小企業金融を円滑化するとされている。もし、リレーションシップバンキングが中小企業金融にとって効率的なシステムとして機能していたのであれば、銀行とのリレーションシップの期間が長い中小企業は、リレーションシップの短い中小企業よりもリレーションシップバンキングから受けるメリットは大きいと考えられる。リレーションシップバンキングのメリットとして貸出のアベイラビリティが高まることを挙げることが多い（Petersen and Rajan（1994））。

　本章では貸出のアベイラビリティが高まった結果として中小企業が成長したのかを静岡のケーススタデイとして考察する。すなわちリレーションシップバンキングは中小企業を成長させるビジネスモデルであったのか検証してみよう。中小企業の成長性として売上高の伸び率に着目する。

　2節では本分析で用いるデータについて説明する。静岡県のリレーションシップの状況について3節で概観し、4節では地域密着型金融と中小企業の成長性についての分析を行う。5節では取引銀行の数と企業の成長性について考察する。

2.　データ

　静岡県では、以前から健全経営の地方銀行と言われる静岡銀行が大きなシェアを占めている。本章ではリレーションシップバンキングが地域の銀行と中小企業の継続的関係を前提とするビジネスモデルであることより、健全経営と言われる静岡銀行が大きなシェアを持つ静岡県の非上場企業をサンプルとして選ぶことにする。

　1980年版、1990年版さらに2000年版の『帝国データバンク会社年鑑』に記載された企業について20年間追跡調査可能な静岡県内の非上場企業のデータを用いる。上場企業は分析対象外とする。さらに非上場企業を本稿では、規模別に大企業・中小企業・小規模企業の3つに分類するが、中小企業および小規模企業は中小企業基本法の定める定義に従い分類し、残った非上場企業を大企業と呼ぶことにする

3. 静岡県のリレーションシップの状況

　静岡銀行の占めるシェアは、大企業においては 47.7%、中小企業においては 51.8%、小規模企業においては 40.0%であり、全ての規模において静岡銀行は非上場企業の中で占めるメインバンクのシェアは第1位である。

　上位3行のメインバンク集中度は大企業 62.8%、中小企業 64.7%、小規模企業 63.1%であり、規模別には、中小企業がもっとも市場集中度が高いことがわかる。

　業態別にメインバンクをみると 2000 年において、大企業では地銀 54.7%、都銀 29.1%、中小企業では地銀 64.7%、都銀 14.1%、小規模企業では地銀 60.0%、信金 26.2%とやはり地銀が大きなシェアを保っている

　静岡の 10 年間のメインバンク固定率は大企業については H 期 69.8%、L 期 72.1%、中小企業については H 期 84.3%、L 期 82.9%、小企業については H 期 80.06%、L 期 75.4%である。H 期、L 期の固定率に大差は見られない。業態別には大企業の第二地銀の 100%を例外とすれば、3つの規模全てにおいて地銀がもっとも高い固定率を示している。すなわち、地銀は他の業態よりも非上場企業とのリレーションシップが強固であったことがわかる。

　20 年間のメインバンク固定率は大企業については 53.5%、中小企業については 71.9%、小規模企業については 64.6%であり、中小企業の固定率がもっとも高い。業態別にはやはり地銀がもっとも高い。

4. 静岡県におけるリレーションシップバンキングと中小企業の成長性

　廣住（2003）では、規制金利、金融当局による経営の介入により、取引先に対する積極的な情報収集や信用リスク計測の高度化といった情報の非対称性解消に対する金融機関のインセンティブが消失し、資本市場の制限、銀行業務への参入制限等により、借り手企業側の資金調達手段の自由を実質的に封じたため、日本のリレーションシップバンキングでは、取引先との間での情報の非対称性を解消する必要がなく、リレーションシップバンキングが十分に機能していなかったとしている。

　本章では、実際にリレーションシップバンキングが十分機能していなかったのか否かを非上場企業の成長性の観点からみてみよう。ここでは、成長性の指標として 10 年間の非上場企業の売上高の伸び率を用いる。本分析ではデータの制約上、行っていないが、企業の成長に関しては他の変数、例えば設備投資の増加などを用いるのも一つの手法かと思われる。利益に関しては中小企業の利益は、企業の実態を正しく反映していないという見解もあるため、本分析では利益の伸びは使用していない。

　米国等の先行研究によれば、リレーションシップバンキングの benefit は貸出のアベイラビリティを高めることや貸出金利や担保等の貸出条件を借り手に有利にすることとされているが、データ上の制約から本書ではリレーションシップバンキングの benefit として貸出のアベイラビリティを高めることや流動性制約の緩和などがあったものとして、その結果として中

小企業が成長したか否かを検証しようとするものである。

　H 期においては、1980 年の売上高を 1 とした場合の 1990 年の売上、L 期においては、1990年の売上高を 1 とした場合の 2000 年の売上についてメインバンクを変更した企業グループとメインバンクを変更しなかった企業グループについて比較する。これを示したものが表 1である。

表1　10年間のメインバンク変更有無と売上の伸び

		メインバンク変更無	メインバンク変更有
大企業	H期	2.229	3.000
	L期	1.321	1.473
中小企業	H期	1.900	2.125
	L期	1.218	1.166
小企業	H期	1.701	1.858
	L期	0.863	0.975

　表 1 において大企業、小企業は H 期、L 期どちらにおいてもメインバンクを変更した企業のほうが売上の伸びが高い。中小企業においても H 期はメインバンクを変更した企業の方が売上の伸びが高い。すなわち、中小企業の L 期のみがメインバンクを変更しなかった企業のほうが、売上の伸び率が高いことがわかる。

　1980 年から 2000 年までの 20 年間のメインバンク変更の有無について同様の比較を行ったのが表 2 である。20 年間のメインバンク変更有無で企業の売上の伸びを見ても同様の結果が見られる。

表2　20年間のメインバンク変更有無と売上の伸び

		メインバンク変更無	メインバンク変更有
大企業	H期	2.050	2.936
	L期	1.296	1.460
中小企業	H期	1.910	2.005
	L期	1.221	1.181
小企業	H期	1.705	1.783
	L期	0.815	1.028

　静岡県のサンプルの分析において、メインバンクを変更した非上場企業のほうが、成長性が高いということは、リレーションシップバンキング本来の機能とされる、金融機関と企業の長期間の継続的関係が benefit をもたらすビジネスモデルであるという大前提とは矛盾した結果となる。リレーションシップが中小企業を成長させるとは限らないということである。

5. 単独行取引と複数行取引における企業の成長性

地域密着型金融はホールドアップ問題が発生する可能性が示唆されている。この問題を解決する一つの手段として、リレーションシップの数、すなわち取引銀行数の数を増やすことが考えられる。静岡県の中小企業において 1 行取引の割合は、31.9% であり、残り 69.1% は複数行取引である。単独行取引の中小企業の売上の伸びは H 期 1.782、L 期 1.293 であるのに対して、複数行取引の中小企業の売上の伸びは H 期 1.946、L 期 1.206 であり、H 期においては、複数行取引の中小企業の売上の伸び率のほうが、単独行取引の中小企業よりも高いことがわかる。この結果は第 4 章で示した「企業の売上高増加率が下がる場合のほうが、取引銀行数が増える」という分析結果とも整合的である。

地域金融機関と中小企業の取引期間が長く、単一銀行と取引を行うからといっても非上場企業の成長性を高めているわけではない。むしろ単一地域金融機関による情報独占の弊害が生じている可能性があると考えられる。

第 2 部のまとめ

リレーションシップを変更する非上場企業は成長性が高いことが全国データの分析で示され、長期的なリレーションシップの継続性や単独の銀行取引が必ずしも、非上場企業の成長には結びついていないという地域密着型金融における負の側面が第 2 部の実証分析で検証された。このことは、わが国の伝統的な地域密着型金融がうまく機能していなかったとも言えるし、また地域密着型金融が本来もつ問題点とも言える。すなわち継続的関係や単独行取引は地域金融機関が非上場企業の情報を独占し、ホールドアップ問題を生じさせている可能性があるということである。にもかかわらず地域金融機関と中小企業が長期継続的な関係を結んできた背景には経済合理的な理由のみならず、中小企業貸出の際、根抵当権を設定して不動産を担保にするという江戸時代に遡る商慣習もその一因であろう。

事業性評価融資では財務諸表や担保・保証人に過度に依存することなく、企業の成長性を見出すことが期待される。しかし、ソフト情報の評価は決して新しい課題ではない。第 2 章の 5「貸出審査におけるソフト情報の歴史」で言及したように高度成長の時代にすでにソフト情報をいかに収集するかを銀行員が記した書物がある。情報の非対称性の緩和は地域金融機関が永年抱える問題であり、ソフト情報を重視する伝統的な地域密着型金融の永久の課題とも言える。

第3部

フィンテック時代の地域金融

今日、地域金融機関を取り巻く環境で大きな影響を与えると考えられるものは 3 つあるだろう。第一に低金利による銀行の収益悪化である。「平成 28 事務年度金融行政方針」では地域銀行の分析として金利の低下が継続する中、銀行全体として利鞘縮小を融資拡大でカバーできず、資金利益は減少が続いており、顧客向けサービス業務（貸出・手数料ビジネス）の利益率は、2025 年 3 月期に地域銀行の 6 割超がマイナスになる可能性を指摘している。

第二は人口減少社会だ。地域金融機関は地域経済の影響を受けやすい。人口の減少は労働力人口の低下、消費の低下という生産・消費両面から地域経済に負の影響を与えると思われる。

第三はフィンテックの到来である。ビルゲイツは「銀行業は必要だが、銀行は不要だ（Banking is necessary, but Banks are not.）」と語った。銀行は低金利で収益が悪化している中、フィンテック到来によりさらに大きな打撃を受けることが予想される。なかでも規模が小さく人口減少や地域の経済状況に左右されやすい地域金融機関では影響が大きいと思われる。

フィンテックは地域金融におけるパラダイムの転換をもたらすと言っても過言ではない大きな事件である。フィンテックは Finance（金融）＋Technology（技術）の造語であるが、「金融サービスを最新の IT 技術を用いて行うこと」という理解では不十分である。二つの単語の前者に重きを置き、金融が王様で、あくまでも金融が中心に座るべき存在と考えているとフィンテックに対して浅薄な理解をしてしまうことになる。

経済取引とは財・サービスを提供し、その対価としてお金を支払うことである。主役は実体の経済取引であり、金融は裏方なのである。経済学・金融論では金融とは人間の体で言えば血液にあたる重要な役割を果たすものとしている。血液は重要であることは間違いないが主役ではない。ふだんは表に出ることのない裏方であるべきなのだ。

実体経済のサービスとは利用者にとって心地よいものである。ところが金融サービスにはそのサービス自体に効用（喜び）があるというわけではない。場合によっては銀行窓口で長い時間待たされ、しかも不愉快な応対をする行員に遭遇すればマイナスの効用が発生すること

になる。

　銀行窓口へ行くことに、ゴルフ場へ行きゴルフを楽しむような効用はまったくない。では、銀行店舗の窓口や ATM のコーナーへ何のために行くのか。そこへ行かなければ送金や借入、預金などの手続きを行うことができないからだ。もしスマホでこれらのことが完了できるのであれば（スマホ操作に抵抗感がないことが条件だが）、わざわざ銀行店舗に出かけたいと思う顧客はいなくなるであろう。

　IT 技術は当然ながら金融サービスのためのみに用いるわけではない。フィンテックとは IT 企業が自社の顧客に様々なサービスメニューの一つとして金融サービスを提供するだけの現象なのである。フィンテックという造語の後半の単語である IT 技術にウエイトを置くのが実体経済を中心とした考え方である。そのことこそが顧客目線、生活者の視点ということになろう。

　金融界にとって金融サービスはこの世の主役であったはずなのに、フィンテック到来により金融サービスは脇役にすぎず、実体経済こそが主役であるということを思い知らされることになる。これは大きなパラダイムの転換であると言えよう。

　フィンテックは地理的なエリアを度外視した存在である。地域を基盤にしてきた地域金融機関にとってその存在意義が問われるときである。

　表 1 は地域金融機関の業務の位置づけについて示したマトリックスである。地域金融機関とは銀行業務を地理的住民に対して行う産業であり A の位置に示される。同じ銀行業務をネット上の住民に対して行うビジネスがフィンテック企業であり、表では C の位置に示される。銀行業務以外、すなわち非銀行業務をネット上の住民に対して行うのが IT 企業であり、D の位置に示される。今後、地域金融機関が生き残るためには、A の位置から C の位置へ進出し、伝統的な銀行業務を地理的住民に対してのみならずネット上の住民に対しても行うことが必要だ。さらに B の位置にも進出し非銀行業務を行う超銀行に進化することも検討の余地があろう。

表 1　地域金融機関の業務の位置づけ

	銀行業務	非銀行業務
地理的住民	A　地域金融機関	B　超銀行
ネット上住民	C　フィンテック企業	D　IT 企業

　第 3 部の構成は以下のとおりである。第 7 章では人口減少社会と地域金融機関の店舗について考察する。第 8 章では地域でポテンシャルのあるビジネスについて考える。第 9 章ではフィンテック登場の背景やフィンテックの活用例について第 1 章で述べた銀行の機能と対応させながら紹介する。10 章ではフィンテック時代の地域金融機関の経営戦略について提言する。

第7章

人口減少社会と地域金融の店舗戦略

　表1は1997年3月期、2007年3月期、2017年3月期の地域金融機関の店舗数と人口の推移を示している。1997年から2017年までの20年間で地方銀行、第二地銀、信用金庫、信用組合の4業態の店舗合計数は4757店舗減少している。これに対して人口は同20年間で327千人増加しているが、2007年から2017年の10年間では1469千人減少している。

　人口減少社会で、フィンテック時代の地域金融機関は店舗戦略を再考する必要があろう。今後の統合や提携を視野に入れた店舗戦略では、それぞれの店舗の役割・機能・差別化を明確にしてゆく必要があろう。顧客のライフスタイルも変化してきている。RPA（ロボティクス・プロセス・オートメーション）化はコスト削減と顧客ニーズに応えるために必要であろうが、地域金融機関の原点ともいえる face to face の精神も忘れてはならない。中小企業貸出がいきなりすべてフィンテックで代替可能というわけでもない。

　また2016年9月の規制緩和により、店舗の営業時間帯は従来のように9時から15時にこだわる必要はなくなった。店舗の特性に応じたフレキシブルな対応が期待される。個人ローンに特化した店舗やフルバンキング型の店舗、デジタルネイティブに対応した店舗などオムニチャネル化を工夫し、特色のある店舗戦略が必要であろう。

　大垣共立銀行が全国金融機関初で導入した移動店舗や同じく全国金融機関初のドライブスルー型店舗の「ドライブスルーながくて出張所」やバリアフリーの店舗として「愛知太陽の家」内にある蒲郡信用金庫「太陽の家支店」などが中部地区では特色のある店舗と言えよう。

表1　地域金融機関の店舗数と人口推移

	2017年3月	2007年3月	1997年3月	20年間の差
地方銀行	7,410	7,363	7,961	−551
第二地銀	3,029	3,238	4,704	−1675
信用金庫	7,288	7,658	8,616	−1328
信用組合	1,667	1,837	2,870	−1203
計	19,394	20,096	24,151	−4757
人口(千人)	125,584	127,053	125,257	327
人口/店舗	6.475	6.322	5.186	1.289

出所:『金融マップ2018年版』『金融マップ2008年版』

本章では地域金融機関の店舗数と人口の実証分析を行う。地域金融機関の店舗数は、地域の総人口、高齢者人口に大きく影響されると考えられる。そこで次の仮説を想定する。

＜仮説①＞
地域金融機関の県別店舗数の増減は県別人口の増減と正の相関がある。

＜仮説②＞
地域金融機関の県別店舗数の増減は県別高齢者人口の増減と正の相関がある。

地域金融機関の店舗数は『金融マップ2011年版』より2010年3月末と2005年3月末のデータを使用する。これを業態別に示したのが表2である。もっとも減少率が高いのは信用組合であり、もっとも低いのは地銀である。

表2　地域金融機関の店舗数（2010年、2005年）

	2010年3月	2005年3月	増減数	増減率
地方銀行	7460	7491	-31	-0.00414
第二地銀	3117	3341	-224	-0.06705
信用金庫	7549	7924	-375	-0.04732
信用組合	1756	1907	-151	-0.07918
計	19882	20663	-781	-0.03780

増減率＝（2010年店舗数－2005年店舗数）/2005年店舗数
出所：『金融マップ2011年版』をもとに筆者作成

まず地銀の店舗の増減について概観する。地銀の店舗数は47都道府県の平均で0.65カ店減少している。もっとも減少している県は福岡の77カ店、ついで長崎の38カ店である。逆にもっとも店舗数が増加している県は茨城で54カ店、次に大阪の50カ店である。関東圏は東京19、神奈川11、千葉11、埼玉4カ店と増加傾向にある。同様に関西圏も兵庫9、和歌山8、奈良6と増加傾向にある。

次に信用金庫の店舗について概観してみよう。2010年3月末の全国信用金庫の店舗数は7549店、2005年3月末は7924店である。全国で信用金庫の店舗数は5年間で375カ店と大きく減少している。全国平均では、7.9カ店の減少である。

全国47都道府県別に信用金庫の店舗の減少を考察した場合、唯一の例外として兵庫県だけが、413カ店から432カ店へ19カ店増加している。兵庫県を除いた他の46の都道府県は、すべて店舗数が減少している。もっとも減少が大きかったのは東京都の83カ店である。

一方、2005年から2010年の人口の増加をみると、人口の増加がみられるのは、埼玉・千葉・東京・神奈川・愛知・滋賀・大阪・福岡・沖縄の9県である。残りの38県で人口の減少

が見られる。もっとも人口の増加が多いのは東京都の 583 千人、もっとも人口減少が大きいのは北海道の 121 千人である。47 都道府県の平均では 6.1 千人増加している。

人口の増加している 9 県、人口の減少している 38 県のサブサンプルを作成し分析することにする。店舗増減に関する記述統計は表 3 に全サンプル（47 都道府県すべて）、38 県の人口減少県と 9 県の人口増加県に分類して示す。

人口に関しては、都道府県別のデータを総務省「国勢調査」の結果をもとに加工する。65 歳以上の人口の割合を高齢化率と呼ぶことにする。この高齢化率の 2010 年と 2005 年の差を高齢化率の差と呼ぶことにする。人口増加数は、65 歳以上も含んだ総人口の 2005 年から 2010 年への増減数である。人口に関する記述統計は、全体とサブサンプルにわけて表 4 に示す。

表3　店舗増減数に関する記述統計

		N	平均値	最大値	最小値
地銀	全サンプル	47	-0.65	54	-77
	人口減少県	38	-1.73	54	-38
	人口増加県	9	3.88	50	-77
信金	全サンプル	47	-7.97	19	-83
	人口減少県	38	-6.00	19	-18
	人口増加県	9	-16.3	4	-83

出所:『金融マップ2011年版』をもとに筆者作成

表4　人口に関する記述統計

	N	2010年 65歳以上人口割合			65歳以上人口割合 増加ポイント			人口増加率			人口増加数（千人）		
		平均値	最大値	最小値	平均値	最大値	最小値	平均値	最大値	最小値	平均値	最大値	最小値
全サンプル	47	24.5	29.6	17.4	2.71	4	1.3	-1.2	4.6	-5.2	6.17	583	-121
人口減少県	38	25.4	29.6	22	2.67	4	1.7	-2.01	0	-5.2	-29.9	-2.5	-121
人口増加県	9	20.6	22.4	17.4	2.9	4	1.3	2.18	4.6	0.4	158.5	583	22

出所:総務省統計局「国勢調査」をもとに筆者作成

これらをもとに地域金融機関の 2005 年から 2010 年の間の店舗数の増減と総人口の増減との関係性を考察する。さらに地域金融機関の店舗数と高齢者人口の増減の関係についても分析する。65 歳以上の高齢者に限定した場合の分析は、2010 年の 65 歳以上人口割合と 2005 年の同数値を比較する。これらの数値は総務省統計局「国勢調査」を用いる。65 歳以上人口割合の変化のポイント（2010 年の 65 歳人口割合－2005 年の 65 歳人口割合）と 2005 年と 2010 年の店舗数の増減率について相関係数をみてみよう。

まず地銀である。表 5 に示されるように地銀の店舗に関しては、店舗の増減率と高齢化率の差の相関係数は 0.372、店舗の増減率と総人口の増減率の相関係数は 0.426 である。両者ともに符号は正、1％水準で有意な相関があり、仮説①②は検証されたと考えられる。

人口減少県グループで、店舗の増減率と高齢化率の差の相関係数は 0.448、1％水準で正の相関がある。人口が増加している地域よりも人口が減少している地域のほうが、高齢者にとって地域金融機関の店舗の存在意義が他の年齢層に比して相対的に高く、店舗の統廃合は影響を受けやすいといえよう。

逆に人口増加県グループでは、店舗の増減率と高齢化率の差の相関は有意ではない。総人口増加率と店舗増減率についても有意な相関は見られない。人口増加県グループでは、高齢者にとって地域金融機関店舗の存在意義が相対的に他の年齢層と比べて低いためではないかと思われる。

表5　店舗と人口に関する相関分析結果

		N	高齢化率の差と店舗増減率	人口増加率と店舗増減率	人口増減数と店舗増減数
地銀	全サンプル	47	0.372	0.426	0.257
	人口減少県	38	0.448	0.298	0.234
	人口増加県	9	0.176	0.336	0.264
信金	全サンプル	47	0.068	0.172	−0.675
	人口減少県	38	0.048	0.251	0.368
	人口増加県	9	0.083	−0.116	−0.873

次に信用金庫の分析である。まず 47 都道府県すべてをサンプルにして、5 年間の信用金庫の店舗増減数と 5 年間の人口増減の相関を見てみよう。相関係数は −0.675 で、0.1％水準で有意な負の相関が見られる。サンプルを人口の増加がみられる埼玉・千葉・東京・神奈川・愛知・滋賀・大阪・福岡・沖縄の 9 県と人口が減少している残りの 38 県の二つのサブサンプルを作成し分析する。

人口増加県グループでは、人口の増減と店舗数の増減との相関係数は −0.873 で、より強く負の相関が見られる。つまり、これらの地域では人口は増加しているが、地域金融機関の店舗数は減少しているのである。

これに対して、人口減少県グループでは人口の増減と店舗数の増減との相関係数は 0.368 であり、符号は正で、5％水準で有意な相関がある。人口の減少と信用金庫の店舗数の減少は同じ方向にあることになる。これらのことは信用金庫の店舗数は全国的に減少しており、一部の人口増加県においては、人口増加にもかかわらず店舗数は減少していることになる。

65 歳以上人口割合の変化のポイントと店舗数の増減率について相関係数をみるとサンプル全体では、0.068、人口増加県グループでは、0.083 であり、人口減少県グループでは 0.048 である。サンプル全体でもサブサンプルにおいても符号は正であるが有意な相関ではない。信金の店舗の場合、65 歳以上人口の増加を考慮した店舗数ではないということであろう。

これらの分析により、仮説①②は地銀には成り立つが、信金には成り立たないと言える。ただし例外として人口減少県において、店舗増減数と人口増減数に正の相関が見られた。信金の店舗数の考察には人口の増減以外の要因を考慮する必要がありそうだ。

第 8 章

可能性を秘めた地域のビジネス

本章では地域に大きなポテンシャルがあると思われるビジネスを 3 つあげてみたい。農業、ソーシャルビジネス、観光業についてみてみよう。

1. 農業

少子高齢化、農村の労働人口減少、過疎化などで農業は衰退産業としての問題を抱えている。その一方で交付金、税金優遇などが行なわれている。

このような中で政府が成長戦略の核として掲げた「日本再興戦略 2016」では、農業に関しては生産コストを削減し、法人化・大規模化を進め、競争力を高めてゆくことを示し、農業においても他の産業同様、効率化による差別化、競争力アップを説いている。

具体的な目標数値には以下のようなものがある。

今後 10 年間（2023 年まで）で全農地面積の 8 割が担い手によって利用される（2013 年度末は 48.7%）。2023 年までの今後 10 年の間で法人経営体数を 2010 年の約 4 倍の 5 万法人とする（2010 年は 1 万 2511 法人）。六次産業の市場規模を 2020 年に 10 兆円とする（2014 年度は 5.1 兆円）。

六次産業の六次とは一次×二次×三次＝六次による。農家が自ら生産し（一次産業）、自ら加工し（二次産業）、市場を通さず自ら販売する（三次産業）という生産からエンドユーザーまで農家が担当し付加価値を入手するというスキームである。

生産・加工・販売という 3 つの事業を実施するためには豊富な人的資源が必要とされ、農業法人が要求されるレベルも高くなることになる。

農林水産省「GDP に関する統計」によれば、平成 28 年の日本の GDP は 5,384,458 億円、内農業 52,399 億円でそのウエイトは 0.973% ということになる。国内銀行・信用金庫による貸出先別の残高では農業分野への貸出は 2017 年 3 月で 1% にも満たない。高橋（2010）によれば、中部地方 9 県の地域銀行で 2009 年 3 月末の農業向け貸出残高がもっとも多いのは北陸銀行の 233 億円で全国 3 位である。また農業貸出比率（農業向け貸出/国内総貸出）がもっとも高いのは富山銀行の 1.02% である。岐阜県の地域銀行の農業貸出比率は十六銀行 0.20%、大垣共立銀行 0.28%、岐阜銀行 0.05% である。農業向け貸出残高の全国 1 位は鹿児島銀行で 397 億円、農業貸出比率は 1.91% である。

このように農業貸出は決して大きなウエイトを占めているわけではない。しかし、今後農業

経営において法人化が進めば農業にイノベーションが起こることが期待され、地域金融機関のビジネスチャンスも高まることになろう。地方創生の鍵の一つとして農業は期待される分野の一つであろう。

　農業法人でない農家は家族経営のため事業分析がされていないことが多い。ABL のスキームを用い、定性情報・定量情報を組み合わせ、事業性を評価することが重要であろう。

　まさに地域金融機関の事業性評価融資を行う目利き力が試される分野と言えよう。

2.　ソーシャルビジネス

　ソーシャルビジネスとは何かということに社会的に認められた共通の定義があるわけではない。グラミン銀行創設者でノーベル平和賞を受賞したムハマド・ユヌスは『3つのゼロの世界』の中で「ソーシャルビジネスは、コストを回収しながら問題を解決するためにデザインする。一山当てて大金を得るためではない」としている。

　ユヌスは『ソーシャル・ビジネス革命』の中で次のように述べている。「エコノミストたちは、人間が自己利益のみを追求して経済活動を行うという前提でビジネス理論全体を構築してきた。そして個人が自由に自己利益を追求することによって、社会的利益が最大になると結論づけた。この人間性の解釈は、政治、社会、感情、精神、環境など、人生のそのほかの側面が果たす役割を否定している。確かに、人間は利己的な存在だ。しかし同時に利他的な存在でもある。（中略）このふたつ目のビジネス、つまり人間の利他心に基づくビジネスこそ、ソーシャルビジネスだ。現代の経済理論に欠けているのはまさにこの考え方だ」として、ソーシャルビジネスを利他心に基づくビジネスと定義している。

　ユヌスのソーシャルビジネス 7 原則を『ユヌス教授のソーシャル・ビジネス』をもとに以下にまとめてみる。

① 　通常のビジネスのように利潤最大化を目的とするのではなく、その地域の社会的問題の解決を第一の目的にする。

② 　助成金や寄付に頼らず、あくまでビジネスで利益を確保し、活動の組織的な自立と持続を可能にする。

③ 　出資者に出資金を超える額の利益還元は行わない。

④ 　投資の元本の回収以降に生じた利益はソーシャルビジネスの普及と、よりよい実施のために使われる。

⑤ 　環境へ配慮する。

⑥ 　従業者は、よい労働条件と給料を得ることができる。

⑦ 　このビジネスは、誰にとっても楽しく行われなくてはならない。

　経済産業省「ソーシャルビジネス研究会報告書」によれば、ソーシャルビジネスは社会的課題を解決するためにビジネスの手法を用いて取り組むものとして、①社会性、②事業性、③革新性の 3 要件を満たす主体をソーシャルビジネスと捉えている。

では、「社会的課題」とは何か。経済産業省「ソーシャルビジネス 55 選」は日本のソーシャルビジネスの先進事例として 4 グループに分け 55 の活動を紹介している。以下の 4 項目が経済産業省の考える「社会的課題」ということになろう。

　①街づくり・観光・農業体験等の分野で地域活性化のための人づくり・仕組みづくりに取り組むもの。②子育て支援・高齢者対策等の地域住民の抱える課題に取り組むもの。③環境・健康・就労等の分野での社会の仕組みづくりに貢献するもの。④起業家育成、創業・経営の支援に取り組むもの。

　ちなみに岐阜県では多治見市の株式会社コミュニティタクシーが①の分野で、岐阜市の特定非営利活動法人 G-net が④の分野で 55 選の中に選ばれている。

　今日、我が国の「社会的課題」には様々なものがある。上記に掲げた項目は全て重要な項目と思われるが、看過できないのは、当事者が助けを求める声をあげることすらできなくなっている「社会的排除」の問題である。社会的排除とは貧困・心身の障がい等何らかの要因から教育・就労の機会を阻まれ社会的に孤立した状態になっていることをさす。

　ソーシャルビジネスという概念が登場した背景には、従来、社会的課題の対応は政府の役割とみなされてきたが、国の財政事情、また対応する課題の専門性などから、政府のみならずNPO や私企業がその特長を発揮することが期待されるようになり（福祉多元主義）、さらに公共サービスに市場原理を導入する NPM（New Public Management）の動きも広がりつつあるということがある。

　「ソーシャルビジネス研究会報告書」が示す 3 要件のうち、社会性と事業性は必ずしも両立できるとは限らない。社会的排除による無職の人の就労支援など社会性を重視するならば採算性を度外視せざるを得ない状況が起きても何ら不思議ではない。

　こういう場合に威力を発揮するのが寄付型のクラウドファンディングであろうか。ソーシャルビジネス主体の方針に賛同した多くの支持者からの寄付や融資が期待される。ソーシャルビジネスへの融資手法は今後地域金融機関が知恵を絞る必要があろう。

3.　観光業

　2006 年の観光立国推進基本法によって観光産業は注目されるようになった。インバウンド（訪日外国人客）市場も成長している。平成 28 年 6 月に発表された「日本再興戦略 2016」によれば平成 27 年の訪日外国人旅行者数は 1974 万人、その旅行消費額は 3 兆 4771 億円で、この 3 年で大きく増加している。2020 年に訪日外国人旅行者数を 4000 万人、その旅行消費額を 8 兆円にする目標を掲げ、観光を地域創生の切り札、GDP600 兆円に向けた成長戦略の柱としている。

　地域にある課題を明確にして地域の魅力を高め、今後の観光需要を見込んだ対応をしてゆくことは地域金融機関に期待される役割であろう。

第 9 章

地域金融機関とフィンテック

1. 第 4 次産業革命

　2016 年に「日本再興戦略 2016－第 4 次産業革命に向けて―」が公表された。この中で FinTech の推進（FinTech エコシステムの形成等）が示された。

　第 4 次産業革命という言葉の初出はドイツで 2010 年に開催されたハノーバー・メッセ 2011 で提唱された Industry 4.0 とされる。第 1 次産業革命とは 18 世紀後半、石炭・蒸気を動力源とする軽工業を中心とする経済発展。第 2 次産業革命とは 19 世紀後半、石油・電気を動力源とする重工業を中心とする経済発展。第 3 次産業革命とは、コンピュータなどの電子技術やロボット技術を活用したマイクロエレクトロニクス革命。第 4 次産業革命とは、デジタル技術と IoT の発展による経済発展をさす。

　第 4 次産業革命の社会は①狩猟社会、②農耕社会、③工業社会、④情報社会に続く Society 5.0（超スマート社会）とも言われる。

2. フィンテック登場の背景

　第 1 章で述べた銀行の機能を個別要素に分解することを金融のアンバンドリングといい、別の形で再結合することをリバンドリングという。

　フィンテック FinTech は Finance＋Technology の合成語である。日本語でそのままフィンテックもしくは英語で FinTech と表記し、「金融工学」とは訳さない。フィンテックに明確な定義はない。IT 技術による革新的な金融サービスで、金融のアンバンドリングの結果もたらされた金融サービスともいえよう。フィンテック登場の背景としては以下のように(1)IT の普及、(2)顧客ニーズの変化、(3)金融機関の弱体化の 3 点考えられるであろう。

(1) IT の普及

　IT が急速に進展し普及している。コンピュータの性能はムーアの法則により指数関数的に急上昇している。データは SNS や購買履歴情報等から大量に生成分析されるようになった。金融のアンバンドリング化が IT の進展により可能になった。

　この結果、顧客ニーズにあう金融サービスをスマホやウェアラブル端末（体につけたまま使用可能なコンピュータ）通じて入手できる時代になった。IT 企業の情報生産力・分析力が金融機関よりも優れるケースが出てきたのである。

(2) 顧客ニーズの変化

　経済取引は財・サービスを提供し、その対価を支払うことで成り立っている。財に関してはわかりやすい。我々は欲しいと思う商品を吟味して購入し、その対価を支払う。サービスに関してはどうであろうか。

　我々が海・山・遊園地・テーマパークなどへ行くのはアミューズメントというサービスを入手できるから行くのだ。ゴルフ場・スキー場へ行くのは当該スポーツを楽しむために行く。では銀行の店舗へ我々は何を求めて行くのだろうか。銀行の店舗で待たされるのは快楽ではない。銀行の店舗へ行くこと自体は我々にとって娯楽ではない。

　預金・貸出・為替など銀行のサービスを受けるためだけに行く。では、それらのサービスをいつでもどこでもウェアラブル端末やスマホから受けることが可能であれば、銀行店舗へ行く必然性はないことになる。

　米国ミレニアル世代のアンケートを引用しよう。

　ミレニアル世代とは 1981 年から 2000 年に生まれた世代をさす。アンケートの結果、彼らの意見は次のようなものである。

　最も倒産の危険が高い産業は銀行である。

　彼らの 70％はこの 5 年間に支払手段は全く変わるであろうと考えている。

　彼らの 33％は銀行をまったく必要だと思っていない。

　彼らの 73％は銀行よりも Google, Amazon, Apple, PayPal, Square が提供する金融サービスに期待している。

　これは米国の調査ではあるが、日本にも同様の傾向が今後起きてくるであろうと予想される。このように顧客ニーズが変化してきており、伝統的な金融機関が提供する従来型の金融サービスと顧客のニーズに齟齬が生じ始めるようになったのである。

(3) 金融機関の弱体化

　勢いが増してくるフィンテック業界に対して、2008 年リーマンショックを契機とする世界金融不安と世界同時不況で金融機関は経営内容が悪化した。そのため金融機関は新しい世代の新たなニーズに対処することに出遅れたのである。

3.　フィンテックの活用例

　第 1 章で述べた銀行の機能に対応させて、(1)決済・送金、(2) 貸出、(3) 資産運用、(4)その他の観点から示す。

(1)決済・送金

・モバイル POS

　スマホやタブレットをクレジットカード決済端末として利用する。

小売店はスマホの専用アプリを立ち上げ購入金額を入力する。スマホに小型カードリーダーを取りつけクレジットカードの情報を読み取る。消費者がスマホ画面にサインして決済完了になる仕組みだ。小売店にとってのメリットは専用カードリーダーや専用回線導入のコストを削減し、加盟店手数料は通常よりも廉価に設定し、クレジットカードによる販売を可能にしている。また小型カードリーダーは持ち運びに便利という利便性もある。

・シームレス決済

　スマホやウェアラブル端末（たとえば時計型の Apple Watch）にクレジットカードの情報を搭載しておき、小売店の専用端末にかざすと決済ができるシステムである。

　iPhone に複数のカードを登録しておき、決済の都度、その中から好みのカードを選択し店頭の端末にかざし指紋認証で決済するという Apple Pay が普及に火をつけたとされる。

・生体認証

　人の身体や行動の特徴で認証する技術である。前者には指紋、掌の静脈、網膜、虹彩、声紋などがある。後者には筆跡や瞬きなどがある。

・O2O (Online to Offline)

　Uber ではタクシーを予約する際はアプリで行い、乗車料金は事前に登録したクレジットカードで決済される。領収書はメールで送付される。Online とは予約と自動決済のことをさし、Offline とは実際のサービス（タクシーで目的地まで客を運ぶ）をさす。

・独自のプラットフォーム決済

　LINE Pay では LINE を通じて独自のプラットフォーム内で LINE ユーザーどうしが P2P で送金や決済ができる。

　手続きは LINE Pay 上から相手を選び支払金額とメッセージを入力すれば、受取人の LINE Pay 口座に入金される。プラットフォーム内の金銭授受であるから、相手の銀行の口座番号やクレジットカードなどの情報は不要であるし、送金手数料は無料である。

　同様のサービスに中国アリババグループのアリペイ、楽天銀行による Facebook を利用した送金サービスなどがある。また英国の TransferWise は海外送金したい同士をマッチングさせる P2P のプラットフォームを作ることで銀行の 3 分の 1 の送金手数料で、しかも迅速な海外送金を可能にした。

(2)貸出

・ビッグデータを活用した与信審査

　財務諸表をもとに借り手の信用力・担保力を評価するのではなく、フィンテック企業は日々の取引情報、キャッシュフロー、物流の情報、SNS (Social Network Service) の情報、口コミ情報等、多様な情報を活用して与信審査を行う。

　米国 PayPal は eBay の出店事業者に取引情報をもとに短い時間で審査を行っている。操業年数の浅い事業者でも審査可能である。

日本でもアマゾン、楽天市場の出店業者対象に、それぞれ Amazon レンディングや楽天スーパービジネスローンがある。ビッグデータの活用により、従来は貸出が難しかった顧客層への貸出が可能になりつつある。

・P2P (Peer to Peer) レンディング

借り手と貸し手の金融仲介をするプラットフォームで両者を募集しマッチングさせる。自らが貸すわけではない。仲介業者は SNS（Social Network Service）やビッグデータなどを活用して借り手の信用度の分析を行う。

P2P レンディングは情報の非対称性や規模の経済性のため資金のアベイラビィティ確保に直面することの多い中小企業・零細企業にとって有益な手法であろう。貸し手にとっても少額で多様な貸出を行い、リスク分散をはかることができる。

米国の Lending Club は借り手から申し出があると借り手を審査し信用格付けと金利を決める。その後、貸し手（投資家）に情報を提供し、投資家は投資先を決める。

マッチングすると貸し手から Lending Club は貸出金を受け取り、それを借り手の指定銀行へ振り込む。借り手は毎月 Lending Club に返済し、Lending Club は返済金を貸し手に送金する。

銀行よりも低コストで運営が可能なため、借り手は銀行よりも低金利かつ迅速に資金調達でき、貸し手（投資家）は銀行の預金金利よりも高く資金運用できることになる。

・クラウドファンディング

クラウドファンディングとは Web を通じて不特定多数の人（Crowd）から出資や寄付を募る（Funding）スキームのことである。

クラウドファンディングは①寄付型、②購入型、③出資型、④貸付型の 4 種類に分けられる。

①寄付型

公益や福祉などの性質をもつ活動の支援を行うもので、金銭的なリターンは想定していない文字通り寄付である。

②購入型

新製品開発等のプロジェクト資金に拠出し、成果として商品を入手する。商品の前払いの形で資金調達することになるが、広報活動も兼ねている。

③出資型

投資家は事業者のプロジェクトに出資し、事業成果に連動した金銭的なリターンを受け取る。

④貸付型

上述の P2P をさす。しかし最近では個人投資家だけでなく機関投資家が貸し手として参入するようになったため、マーケット・プレイス・レンディングとも呼ばれる。

(3)資産運用

・資産運用ロボアドバイザー

　個人投資家の運用方針に基づきポートフォリオ、具体的な商品を提案する。

・家計簿サービス（PFM: Personal Financial Management）

　家計に関するデータを自動的に集めて分析・表示し可視化した家計簿である。

・銀行 API

　API（Application Programming Interface）とは、あるソフトウエアから他のソフトウエアの機能を呼びだして利用するための接続仕様のことをさす。API を利用すると開発コストを削減することができる。グルメ情報サイトの店舗位置をGoogleマップで示すなどの例がある。

　銀行 API とは残高照会、送金、決済などに API の仕組みを利用するものである。

　マネーフォワードの HP によれば家計簿アプリ・マネーフォワードの「対応金融機関一覧」の「銀行」の欄には静岡銀行など多くの銀行名が示されている。

　銀行にとっては顧客サービスを拡充できるメリットがあるが、セキュリティ確保が重要な課題であろう。

(4)その他

・仮想通貨

　1970 年代にハイエクは「貨幣発行自由化論」を提唱した。一般の財やサービスと同じように貨幣も民間に任せ通貨の発行と流通は民間の自由競争に任せ、通貨を国家管理の下に置かないという考えである。このことにより経済活動も安定するとした。

　わが国の法定通貨は日本国という国家の信頼が裏付けとなって国家が発行し国家が管理している。これに対してビットコインなど仮想通貨は、特定の発行主体を持たない。仮想通貨システムへの信頼が裏付けとなり成立しているシステムである。仮想通貨が流通した背景には特定の発行主体を持たないという特質が寄与したと考えられる。

　このシステムを動かすのはブロックチェーン技術である。この技術は暗号技術を用いてデータの改ざんをほぼ不可能にしたものである。しかしスケーラビリティやマイニング寡占化の問題も指摘されている。スケーラビリティは取引量が拡大するにつれてデータ処理速度が遅くなる問題、マイニング寡占化は検証する端末が寡占化すると取引履歴改ざんのリスクが上昇するという問題である。

・エコシステム

　多様な事業主体が系列や業界の枠を超えて、場合によってはライバル関係にある事業主体も有機的に連携して、共存共栄を図る仕組みである。エコシステムの本来の意味は生態系のことである。

4.　改正銀行法

　2016 年 5 月 25 日「情報通信技術の進展等の環境変化に対応するための銀行法等の一部を改正する法律」が成立した。わが国の銀行は、銀行業の高度化、利用者の利便の向上に資すると見込まれる業務を営む企業に対して出資することができるようになった。これはオープン・イノベーション（同業以外も含めた外部連携によるイノベーション）が活発化している時代背景を踏まえたものであろう。

　2017 年 6 月 2 日公布の「銀行法等の一部を改正する法律（改正銀行法）」では、フィンテック事業者との API を含む契約締結基準の作成・公表を求めている。これを受けて銀行ではオープン API の対応に関心が強まった。オープン API は金融サービスの高度化、利用者の利便性の向上の観点から重要とされる。

5.　金融行政方針

　2016 年 10 月の『平成 28 事務年度　金融行政方針』では、量的拡大競争に集中する銀行のビジネスモデルは限界であり、顧客との「共通価値の創造」を目指すことが望まれるとしている。2017 年 11 月に金融庁が公表した『平成 29 事務年度　金融行政方針』では業態別の法体系から機能別・横断的な法体系への見直しの検討やフィンテックを我が国の経済・金融の発展につなげていくための方策について言及し、金融機関とフィンテック企業とのオープン・イノベーション（協同・連携）を進めてゆくことが重要であるとしている。

6.　フィンテックと地域金融機関の課題

　地域金融機関は市場が（曖昧な境界ではあるが）分断されていることを前提とした金融機関である。それはあくまでも「地理的」な分断である。フィンテックが導入されれば「地理的」な分断はなくなり、従来までの「地域」のハードルが消滅することになる。

　今まで離れた地域の地域金融機関は競合しないことが大前提であった地域金融の実質的な「縄張り」が崩れたことになる。このことは競争相手が増え、脅威とも言えるし、ビジネスチャンスが増えたとも言える。

　フィンテックのプラットフォームを使った送金（特に海外への送金）は銀行よりも安い。あるいは無料である。このことは今後、為替手数料などに関して価格競争が激化することが予想され、銀行の収益は悪化するであろう。

　日本でも貸金業法が改正されれば、レンディングクラブのような貸出機関が活発に設立される可能性がある。銀行よりも安く借り、高い金利で預入できるのであれば多くの顧客が銀行からフィンテックベンチャーへ流れるであろう。視点はどこにあるのか。顧客本位・利用者目線で金融サービスを行うことがより必要になってくるであろう。

第 10 章

フィンテック時代の地域金融機関の生き残り戦略

新たに登場したフィンテックは決して打出の小槌でも魔法のランプでもない。筆記用具が墨の筆、万年筆、ボールペン、ワープロと変遷してきたように、フィンテック登場は金融業進化による必然の現象であろう。

貸出審査に SNS の情報やビッグデータを用い、クラウドファンディングを行い、AI 搭載のロボアドバイザーが顧客の相談に応じ、オムニチャネルの店舗展開を行うのは地域金融機関の自然の流れであろう。第 1 章 4「銀行の機能」で述べた機能がアンバンドリングによってフィンテックベンチャーで代替可能になり、また日本の各種法律がそれを認めれば、フィンテックは（地理的な）地域とはまったく無関係なだけに地域金融機関にとっては脅威である。しかし逆にビジネスチャンスとも言えよう。フィンテック到来は地域金融機関にとって危機でもありチャンスとも言える。

金融庁が 2017 年 11 月に公表した「平成 29 事務年度金融行政方針」では次のように述べられている。

「もとより、ビジネスモデルに単一のベスト・プラクティスがあるわけではないが、地域企業の価値向上や、円滑な新陳代謝を含む企業間の適切な競争環境の構築等に向け、地域金融機関が付加価値の高いサービスを提供することにより、安定した顧客基盤と収益を確保するという取り組み（「共通価値の創造」）はより一層重要性を増している」

このように地域金融機関には新しいビジネスモデルが求められている。人口減少社会、低金利の金融情勢、フィンテックベンチャーの参入という環境がこのまま続くのであれば、株式会社組織の地方銀行は大きな影響を受けることになろう。

かつて地球上には恐竜が君臨した時代があったが、環境に適応できずに絶滅した。一部は鳥類に進化して生き残った種もあるという。環境に適応することが困難な地域金融機関（特に地方銀行）を地方の恐竜とするならば進化する道はどのようなものがあろうか。

環境がこのまま変わらないとすれば、地域金融機関の今後の方向性には大別すれば 3 通りあろうか。動物に倣うならば象の戦略、ラッコの戦略、シーラカンスの戦略になろうか。

象のような大きな動物は百獣の王ライオンでも食糧にすることはない。第一の戦略は巨象のように合併・統合・連携で大きくなることだ。大きければ潰されない TBTF（Too Big To Fail）戦略である。

第二の戦略はラッコの戦略だ。ラッコは哺乳類でイタチ科だ。もとは陸上の生物だったが、

何らかの事情で水の世界へ逃げ込んだのだろう。現在では岸近くの海中で暮らしている。しかし泳ぎが得意ではないので魚を掴ますことができず動きののろいウニ、蟹、貝を主食とし、海面に仰向けに浮かびながら食べる。海に棲む生き物だが大海原を泳ぎ回り、魚を追いかけ捕獲して食べるという生き様ではない。今更、陸上に戻るわけでもなく、ラッコはニッチ部門での生き方と食糧を確保したと言える。ラッコ戦略はニッチ部門を探し、他金融機関との差別化をはかり棲み分けで生き延びることだ。

第三の戦略はシーラカンスの戦略だ。シーラカンスは古生代に出現し白亜紀に絶命したとされていたが、1938年南アフリカ東海岸で発見され、原始的な形質を有し「生きる化石」とされる。決して古い物を揶揄しているわけではない。地域金融機関の原点に回帰することが必要ということだ。地域金融機関の原点に戻り face to face を重視する。

これら3つのうちどの戦略を選んでも、フィンテックベンチャーと連携するか地域金融機関独自に技術を開発するかして、地域金融機関はフィンテックを重視すべきであろう。

1. 地域金融機関の再編（象の戦略、TBTF 戦略）

再編の手法には合併、経営統合、提携の3種類あろうか。

合併は法人格、人事制度、システムの統一が必要になる。これに対して経営統合は複数の銀行の上に持ち株会社を置くため、統合される銀行は従来の銀行名やシステムを現状維持できる。提携（アライアンス）はシステム共同化やフィンテックの開発など様々な領域でシナジー効果を期待するものである。

2017年3月末で大手銀行の貸出残高の合計は235兆円である。これは民間銀行の貸出総計589兆円の39.8%を占める。これに対して地方銀行64行の合計貸出残高は191兆円（シエア32.5%）、第二地銀41行は51兆円（シエア8.6%）である。

つまり地域銀行（地方銀行＋第二地銀）105行の合計貸出残高は242兆円で、大手行の合計貸出残高にほぼ匹敵する額になる（数値は『金融マップ2018年版』から引用）。

大手行とは都銀が埼玉りそな、りそな、三井住友、三菱東京UFJ、みずほの5行、信託が三井住友、三菱UFJ、みずほの3行、その他、あおぞら、新生の2行の計10行である。

地域銀行も同様に10のグループに統合すると仮定すれば一行あたりの平均貸出残高は23兆円ということになる。この数値は、りそな銀行や三井住友信託銀行の国内店舗の貸出額にほぼ匹敵するレベルである。

大きくすればよいというものでもない。また統合は目的ではない。手段である。あくまでも経営戦略の構築が重要だ。地域銀行は地域経済・産業の活性化をあわせて考える必要がある。ただしフィンテックが導入されることで統合は必ずしも地理的エリアが近接している必要はなくなる。むしろ自行の弱点を補完する形での戦略を考慮した上での統合が必要だ。少なくとも個人客にとってはメインバンクをどこの銀行にするかという決定は必ずしも地理的なアクセスは関係がない要素となろう。地理的に隣接しているか否かには無関係に広域の統合が今

後、想定される。

　一般に規模の経済性が働くゆえ、統合は地域金融機関にとってコスト削減につながる。その分だけ地域金融機関は地域経済活性化や顧客の利便性向上のための投資が可能になり、効率的な資源配分が行われることになろう。しかし統合には負の局面があることも忘れてはならない。地域金融機関の統合が進めば利用者の利便性が高まるとは限らない。統合した地域金融機関が当該地域で寡占状態になり顧客サービスが低下する恐れがある。第 5 章で分析したホールドアップ問題がさらに強化される危惧もある。

　さらに、実際の統合は地域金融機関経営者の意向だけで決まるものでもない。ふくおかフィナンシャルグループ（福岡市）と十八銀行（長崎市）の経営統合は独占禁止法の観点から難航していたが、2018 年 8 月 24 日、公正取引委員会は経営統合を承認したと発表した。

　統合により長崎県内の中小企業向け貸出シェアが 75％になることが問題視されていたが、約 1000 億円の融資をライバルの金融機関に移す「債権譲渡」の方法により、シェアが 65％になる見通しになり承認された。

　さて、象になることを目指し TBTF 戦略を選んだ場合、新たな銀行は 2 つの選択肢があろう。一つは現在あるメガバンクと同じような故郷を持たない大規模な銀行だ。本書では第 2 メガバンクと呼ぶことにしよう。もう一つの選択肢は故郷を持ち、母体となる地方銀行の故郷にこだわりをもつ銀行だ。本書では広域地方銀行と呼ぶことにする。

2. ターゲットを特化する戦略（棲み分け戦略、ラッコ戦略）

　ラッコ戦略はニッチ部門で他行との差別化を図り独自のビジネスモデルで顧客を掴む戦略だ。そのためにはターゲットを特化することも一つの選択肢であろう。どの地域金融機関も軒並み同じ商品を揃える必然性はない。法人貸出を取りやめる選択もあろう。商品だけではない。対象を選別することもある。例えば超富裕層のみを対象にする戦略もあるだろう。

　地理的エリアによる棲み分けではなく、取扱商品による市場分断である。個々の地域金融機関はそれぞれの特化する市場にあわせたビジネスモデルを構築する必要があろう。

　採算があうと思われる現実的な特化する市場はまず個人ローン部門であろう。実際に、スルガ銀行は個人向けローンが貸出残高の 9 割を占める。スルガ銀行は地域金融機関生き残り戦略のビジネスモデルの一つになることが期待されたが、残念ながら不祥事が起きた。「連続増収増益がプレッシャーになり審査より営業が強くなってしまった」と経営トップが認めた（『週刊東洋経済』より引用）ように、内部の体制には問題があったようだ。しかし、スルガ銀行のように特定のターゲットに特化する戦略は参考になろう。

　消費者ローン比率（消費者ローン残高/総貸出残高）は 2003 年 3 月末において地方銀行 24.51％、第二地方銀行 27.43％であったものが 2017 年 3 月末には地方銀行 32.78％、第二地方銀行 31.51％と 15 年間で数ポイント伸びている。また住宅ローン比率（住宅ローン残高/総貸出残高）に関しては、2003 年 3 月末は地方銀行 20.3％、第二地方銀行 22.71％であった

ものが 2017 年 3 月末には地方銀行 29.53%、第二地方銀行 28.13%と 15 年間で数ポイント伸びている（『金融ジャーナル』2004 年 11 月号、2017 年 11 月号資料による）。

本書では個人ローンに特化した銀行を個人ローン銀行と呼ぶことにする。

また今後は、富裕層や超富裕層を対象にしたプライベートバンキングもあり得ると思われる。野村総合研究所（2013）によれば、わが国では世帯の純金融資産額 1 億円以上 5 億円未満の富裕層世帯数は 76 万世帯で、その純金融資産総額は 144 兆円、5 億円以上の超富裕層世帯数は 5 万世帯で、純金融資産総額は 44 兆円であることを示し、総世帯数の 1.6%に過ぎない富裕層・超富裕層が個人金融資産の 16.5%を占めることを述べている。

金融資産の運用、資産管理、節税・相続対策など金融サービスのみならず健康・趣味などの非金融サービスも含めて手数料収入が見込める有望なマーケットであろう。

3. シーラカンス戦略（原点回帰）

地域金融機関の原点に戻り、その存在意義を追及する戦略である。この戦略では業態変更も選択肢としてあり得る。「銀行さんは敷居が高い」と言われながらも、地方銀行は地域経済の中心的な役割を果たし、地方銀行員は地域のエリートだったのである。そもそも営利を目的とし、株主に対する責任を果たす必要のある株式会社組織の銀行でありながら、地域のウエットな風土に溶け込み、経済合理性にとらわれずに地域貢献をするということには限界がある。

近代経済学のいうところの市場メカニズムと経済合理主義で割り切れない地域の文化風土の狭間の中で今まで何とか経営してきたのが地方銀行である。しかしフィンテック到来により、第 1 章で述べた銀行の機能、存在意義はフィンテックベンチャーで代替可能な時代になった。

顧客はより利便性が高く、よりコストの低い手段を選択し、より自身の文化にあうシステムを好む。このような時代には、従来の地方銀行の在り方は曖昧な立場になる。株式会社形態をやめ、協同組織化することも選択肢の一つであろう。

具体的には地方銀行から信用金庫へ転換するということだ。場合によっては、この逆、すなわち信用金庫から地方銀行への転換もあろう。シーラカンス戦略にも 2 種類あろうか。

一つは組織を株式会社組織から非営利組織にする戦略だ。あえて信用金庫化とか協同組織金融機関といった既存の組織形態にこだわる必要はなかろう。従来の組織形態にとらわれない自由な非営利組織を考案することが期待される。

本書ではこの形態の銀行を相互扶助金融と呼ぶことにする。相互扶助金融においては、店舗や定期積金の役割も再認識される必要があろう。

定期積金はシーラカンスそのものだ。地域金融機関が生き残る切り札としてシーラカンスに登場願おう。信用金庫のビジネスはしばしば「足で稼ぐ営業」と言われる。定期積金は情報収集、融資推進交渉の契機を掴むのに重要な金融商品とされてきた。月 1 回集金で顔を会わせるという必然性を生み出すことができ、リレーションシップを高め、ソフト情報を入手するこ

とができると考えられてきた。かつて地域金融機関では定期積金に重要な位置づけを示してきた。しかし、最近はかつてのように定期積金がさかんではなくなった。信用金庫の定期積金戦略は効果的ではないのだろうか。

『金融ジャーナル』の 2017 年 11 月号、2011 年 11 月号並びに 2003 年 11 月号に掲載された「全国信用金庫経営指標」をもとにして、定期積金比率（期末定期積金残高/期末預金積金残高）、渉外人員比率（渉外人員数/常勤役職員数）と信用金庫の収益性（ROA）についての関連性について考察してみよう。

全国信用金庫の定期積金比率の平均値は、2003 年 3 月末は 7.4％、2011 年は 4.8％、2017 年は 3.4％と低下傾向にあり、2003 年から 2017 年の 15 年間の間に半分以下に減少していることがわかる。

この要因としては、渉外係を法人の新規融資開拓など重要な分野に特化していることや定期積金の集金のために甚大な人的コストを必要とすることや女性の社会進出により昼間不在の家庭が増加し、実質的に昼間には定期積金の集金が困難になってきたこと等が考えられるであろう。

2017 年 3 月期において、定期積金比率が全国でもっとも高いのは東京にある目黒信金の 12.9％である。逆にもっとも低いのは高知県の高知信金の 0％である。最大値と最小値の間には 12.9％の大きな差があることがわかる。

定期積金比率 0％の高知信金は、一人あたりコア業務純益は全国第 2 位の 1,670 万円、ROA は 11 位で 0.50％、自己資本比率は 2 位の 46.51％、一人当たり利益剰余金は 1 位で 66,263 万円という良好なパフォーマンスを示している。

加納（2012a）では 2011 年 3 月期の全国信用金庫 271 のデータを用いて、定期積金比率とパフォーマンスの相関分析を行った。

定期積金比率と一人当たり業務純益の相関係数は、−0.287 であり、定期積金比率と ROA（実質業務純益/総資産、実質業務純益＝業務純益−国債等債券損益）の相関係数は、−0.203 である。定期積金比率と収益性を示す指標とは負で有意な相関があると言えよう。

全国信用金庫の渉外人員比率の平均は、2003 年 3 月末では 25.6％、2011 年は 23.9％、2017 年は 24.2％であり、この 15 年間ほぼ横ばいである。

2017 年 3 月期の渉外人員比率の最大値は東京都の西武信用金庫の 56.6％である。西武信用金庫は、一人あたり期末貸出残高は全国第 2 位で 1243 百万円、預貸率（期末貸出残高/期末預金積金残高）は全国第 1 位の 82.7％、コア業務純利益は全国第 3 位の 10,204 百万円、不良債権比率（リスク管理債権の期末合計額/期末貸出残高）は全国 5 位の 1.33％と良好なパフォーマンスを示している。

加納（2012a）では 2011 年 3 月期の全国信用金庫 271 のデータを用いて、渉外人員比率とパフォーマンスの相関分析を行った。渉外人員比率と一人あたり業務純益の相関係数を算出すると−0.057 である。渉外人員比率と ROA（コア業務純益/総資産）の相関係数は−0.003

であり、両者ともに有意な相関は見られない。

　足で稼ぐ営業と信用金庫が称されるにもかかわらず、渉外人員の比率は財務指標の収益性に直接関連してこないようである。これは渉外人員の質によって、地域金融機関のパフォーマンスは大きく左右するためであろうか。

　加納（2012a）の結果からは定期積金は、信用金庫のパフォーマンスにとっては負の影響を持つことになる。定期積金は時代にあわない商品ということになろうか。しかしフィンテック時代に、相互扶助金融の戦略を選ぶならば、むしろ定期積金は効果的な戦術といえる。

　デジタル社会では、人と直接会う機会は意図的に設けないとできない。定期積金は地域の情報を吸収する絶好の機会だ。さらに新しい世代の行員には人と接する教育訓練の機会にもなる。また高齢者を見守るサービスも兼ねることができる。「足で稼ぐ営業」は地域金融機関、特に信用金庫の原点だ。

　ただし昼間の在宅人口や顧客のニーズにあうかなどの問題もある。費用対効果の観点を考えると職域の定期積金を主流にする、毎月の掛け金を統一した商品にする、付加価値をつけ満期になった際、地域コミュニティで活用できる恩典がついているなど商品設計と実際の集金の手法には工夫が必要であろう。

　この戦略は決してフィンテックをないがしろにするとか、デジタル時代を無視して業務を行うという意味ではない。AI 化が可能な場所では顧客ニーズに応えるため、また省力化してコストダウンを行うために必要であろう。

　もう一つのシーラカンス戦略は、現在の銀行業＋αのビジネスを付け加えることだ。地域経済のために貸出を行う、ではなくて地域経済そのものを新しいコミュニティ産業として興すことが必要だ。

　ムハマド・ユヌスが述べるソーシャルビジネスの目的は利益の最大化ではなく、貧困・教育・健康・技術・環境等、地域の社会問題の解決を第一の目的にしている。筆者がここでいう「コミュニティ産業」とは、いわば「地域の社会問題解決産業」とも換言できよう。また、金融庁のいう「共通価値の創造」にもつながるであろう。

　ネット上のつきあいよりも face to face で人とのつながりを求める人も地方には多い。

　銀行窓口は「行きたい場所ではない。やむなく行く場所」である。銀行へ行くことそのものには楽しみがないのだ。この固定観念を払拭できないだろうか。つまり地域金融機関の店舗を「行きたい場所」「楽しい場所」「自然に地域住民が集う場所」にすることだ。

　銀行業を人が自然に集まり地域のコミュニティの中心となる産業に転換できないだろうか。だが、綺麗事だけでは話は進まない。江戸時代のように長屋の隣人の声がまる聞こえで、隣人が困っていれば相互扶助で助け合う、孤独死などあり得ない……。というのはノスタルジーであろうか。

　「歴史は繰り返す」と言うが「不可逆性」をもつとも言える。何らかの仕組みを構築しないと地域金融機関に自然に地元住民が集まるシステムはできない。たとえばダイバーシティ・マ

ネジメントが期待される時代の人材斡旋、独居老人を AI のみならず人間が見守るシステムなど高齢者の助けとなる産業などが想定されるであろうか。シェアリング・エコノミーに資するようなビジネスも考え得るであろう。

　本書では、こうしたコミュニティの総合産業を行う地域金融機関を、銀行を超える銀行ということで超銀行と呼ぶことにする。

　これら地域金融機関の 3 つの生き残り戦略と進化した形の 6 つの銀行の分類を示したのが下記の表 1 である。

表 1　地域金融機関生き残り戦略

現在	進化後	戦略	特徴	銀行の分類・名称
環境に適応できない地方の恐竜	巨象	TBTF 戦略	故郷のない広域銀行	第 2 メガバンク
			故郷をもつ広域銀行	広域地方銀行
	ラッコ	ニッチ戦略	個人ローンのみ扱う	個人ローン銀行
			富裕層のみ対象	プライベートバンキング
	シーラカンス	原点回帰	非営利組織	相互扶助金融
			コミュニティ総合産業	超銀行

　岐阜県大垣市に本店のある OKB 大垣共立銀行は銀行の枠を超えた発想で地域を彩る銀行だ。脱・銀行に向けた取り組みの強化を通じて地域のさらなる活性化に貢献しようとしている。地域の課題解決型「総合サービス業」を目指し「OKB ブランドの確立」に努めている。

　平成 29 年に 9 月に OKB アグリビジネスファンドでエビの養殖に成功。平成 29 年 12 月には OKB 農場産米を使った「大垣リゾット御膳」開発に協力した。OKB 大垣共立銀行はフィンテックにも積極的で手のひら認証 ATM の導入は全国初である。また女性関連のローンや他の分野でも全国初の金融商品が多く、先見性のある銀行である。

　大垣共立銀行の「平成 29 年度中間期版ディスクロージャー誌」の表紙中央には「脱・銀行」と書かれ、裏表紙には「OKB は銀行を超える。」と記されている。

　名古屋銀行は事業承継の一環として中小企業後継者の婚活を支援する業務を開始した。こういった本業以外の業務をフィービジネスとするか地域貢献の一環とするかは、それぞれの地域金融機関の判断になるであろうが、今後はこうした従来の「伝統的な銀行業」以外の付加価値をもつ超銀行が期待されることになるであろう。

　『週刊ダイヤモンド』によれば、転職者数について 2009 年度を 1 として 2017 年度の指数をみると全職種では 2.64 であるのに対して、銀行員は 4.55 であり、銀行員の転職は大幅に増加していることが示されている。しかも転職先を金融業界とする者の割合は、2009 年度は 48％であったのに対して、2017 年度は 29％に減少し、コンサルティング業界、ＩＴ業界、ベンチャー企業への転職が増加している。

この背景には 2008 年リーマンショックで大手金融機関でも破綻することが示され、2011年には東日本大震災が起き、所得よりも社会貢献を重視する生き方が注目されるようになったためと同誌では分析している。

　地域金融に今後、必要なことは経済学（金融論）だけではなく他の学問からのアプローチによる多面的な研究ではないだろうか。フィンテックが到来し、ここでいう他の学問の一つが情報工学であるというに過ぎない。情報工学以外の様々な学問からの考察も期待される。必要な視点は銀行の視点ではなく、生活者の視点であるべきであろう。

　昭和 53 年に京都信用金庫が発行した CDI 編の『コミュニティ・バンク論 II』では、コミュニティとコミュニティバンクについて、経済は勿論のこと建築から文化に到るまで多面的なアプローチによる議論がなされている。

　今後、金融界だけではなく、さまざまな分野で人口知能が働く人の仕事を奪うであろうと予想されている。人間よりも廉価で正確で優秀であれば、当然ながら企業は人口知能を導入するであろう。すると、我々にとって労働とは何だろうかという究極の問題につきあたることになる。労働に対する価値観、あるいは人生観そのものの再考につながるように思われる。

　AI に仕事を奪われる時代になると、労働以外の価値観を我々がもっていないと生きている意味を見出すこともできなくなろう。シーラカンス戦略で株式会社の地域銀行を非営利組織の「相互扶助金融」にすれば、地域金融機関職員の給与は下がるかもしれない。しかし、生きがいや働きがいはどうであろうか。また、「超銀行」としてコミュニティ産業に携わることは、職員にとっては金融業の枠を越えた新たな生きがいを入手することに繋がるとも言える。

　金森・大守（2016）によれば、わが国の相対的貧困率は、1985 年は 12.0％であるが、2012年は 16.1％と 4 ポイント上昇している。子どもの貧困率は、1985 年は 10.9％であるが、2012年は 16.3％に 6 ポイント上昇し、わが国の格差は拡大していることがわかる。2000 年代半ばには働いても低い所得しか得られないワーキング・プアも話題とされるようになった。

　昨今は労働市場に参加しない（できない）ミッシング・ワーカーの存在も指摘されるようになっている。また何らかの事情で「社会的排除」された人々も問題になっている。

　こういった人々に対しても優しい地域金融機関であってほしいものだと感じる。

【初出一覧】

第 2 章　地域金融・中小企業金融の基礎知識

　　加納正二（2006d）「日本におけるリレーションシップレンディングとソフト情報」『国際公共政策研究』第 11 巻、第 1 号、大阪大学

　　加納正二（2008b）「日本の中小企業金融におけるソフト情報と財務諸表準拠貸出」『経営情報学部論集』第 22 巻、第 1・2 号、中部大学

第 3 章　リレーションシップはなぜ変更されるのか

　　加納正二（2006c）「メインバンクを変更する中小企業の特徴」

　　RIETI Discussion Paper Series 06-J-005、独立行政法人経済産業研究所

　　加納正二（2011b）「銀行と中小企業のリレーションシップの期間」『Review of Economics and Information Studies』第 12 巻、第 1・2 号、岐阜聖徳学園大学

　　加納正二（2009）「わが国のリレーションシップ貸出と不動産担保」『経済研究』第 55 巻、第 1 号、大阪府立大学

第 4 章　取引銀行数はどのように決まるのか

　　加納正二（2011a）「中小企業貸出におけるリレーションシップ数の決定要因」『Review of Economics and Information Studies』第 11 巻、第 3・4 号、岐阜聖徳学園大学

第 5 章　地域密着型金融におけるホールドアップ問題

　　加納正二（2004b）「リレーションシップバンキングにおけるホールドアップ問題」『国際公共政策研究』第 9 巻、第 1 号、大阪大学

第 6 章　地域密着型金融は中小企業を成長させたのか

　　加納正二（2005b）「中小企業の成長性とリレーションシップバンキング―静岡県の事例―」『経営情報研究』第 12 巻、第 2 号、摂南大学

第 7 章　人口減少社会と地域金融機関の店舗戦略

　　加納正二（2014b）「CSR 戦略と地域金融機関の役割」『Review of Economics and Information Studies』第 15 巻、第 1・2 号、岐阜聖徳学園大学

第 10 章　フィンテック時代の地域金融機関の生き残り戦略

　　加納正二（2012a）「信用金庫における soft information と営業活動」『Review of Economics and Information Studies』第 12 巻、第 3・4 号、岐阜聖徳学園大学

【参考文献】

一般社団法人全国信用金庫協会 HP

依馬安邦（1966、1972）『企業観相術』銀行研修社

依馬安邦（1986）『新企業観相術』銀行研修社

大垣共立銀行（平成 29）「Annual Report2017」

大垣共立銀行（平成 30）「平成 29 年度中間期版ディスクロージャー誌」

大垣共立銀行（平成 30）「第 206 期営業のご報告」6 月 20 日

大阪府商工労働部金融室（2004）金融新戦略検討委員会『中小企業金融新戦略検討報告書』
　http://www.pref.osaka.jp/kinyu/index.html

大阪府商工労働部金融室（2006）「平成 18 年度大阪府中小企業向け融資制度のご案内」

大阪府商工労働部金融室（2007）「平成 19 年度（上期）大阪府中小企業向け融資制度のご案
　内」

大野敏男（1987）『財務分析の実践活用法』経済法令研究会

小倉義明（2007）「地域金融市場の競争度と新規参入企業の融資利用可能性」筒井
　義郎・植村修一編『リレーションシップバンキングと地域金融』日本経済新聞社

金森久雄・大守隆（2016）『日本経済読本』東洋経済新報社

可児滋（2017）『文系のためのフィンテック大全』金融財政事情研究会

加納正二（1996）「地域金融機関におけるメインバンクシステムの実証分析」『大阪大学経
　済学』第 46 巻、第 2 号、大阪大学

加納正二（1996）「これからの地域貢献と金融機関の役割」『生活経済学研究』第 12 巻

加納正二（1998）「審査と貸出金利」『国際公共政策研究』第 2 巻、第 1 号、大阪大学

加納正二（1999a）「地域金融機関と中小企業の継続的関係に関する一考察」『生活経済学研究』
　第 14 巻

加納正二（1999b）「中小企業貸出と不動産担保」『国際公共政策研究』第 3 巻、第 2 号、大
　阪大学

加納正二（2000a）「中小企業貸出金利格差の分析」『調査研究レポート』第 9 巻、郵政省貯金
　局

加納正二（2000b）「中小企業と金融機関の接点を考える―貸出金利と審査の観点から―」1999
　年度個別委託研究、近畿郵政局貯金部

加納正二（2001a）「岐阜県における中小企業メインバンク関係の実証分析」『経営情報研究』
　第 8 巻、第 2 号、摂南大学

加納正二（2001b）「京都におけるメインバンク関係の実証分析」『社会科学研究年報』第 31
　号、龍谷大学

加納正二（2001c）「IT 社会における地域金融の課題」『経営情報研究』第 9 巻、第 1 号、摂
　南大学

加納正二（2001d）「宮崎県の非上場企業メインバンク関係 1980－2000」『経営情報研究』第
　9 巻、第 2 号、摂南大学

加納正二（2002a）「地域金融におけるメインバンク機能」『郵貯資金研究』第 10 巻、郵貯資
　金研究協会

加納正二（2002b）「地域のメインバンク事例研究：滋賀県」『経営情報研究』第 10 巻、第 1

号、摂南大学

加納正二（2002c）「取引銀行数とリレーションシップバンキング」『経営情報研究』第 12 巻、
　第 1 号、摂南大学

加納正二（2003a）「業種別実効貸出金利にみる京都金利の実態」湯野勉編『京都の地域金融』
　日本評論社

加納正二（2003b）「京都のメインバンク関係 1980－2000」湯野勉編『京都の地域金融』日本
　評論社

加納正二（2003c）「豊かな高齢化社会を築く金融・社会システム」（共著）2002 年度特別託
　研究、近畿郵政局貯金部

加納正二（2004a）「リレーションシップバンキングが貸出金利に与える影響」『国際公共政
　策研究』第 8 巻、第 2 号、大阪大学

加納正二（2004b）「リレーションシップバンキングにおけるホールドアップ問題」『国際公
　共政策研究』第 9 巻、第 1 号、大阪大学

加納正二（2005a）「中小企業金融の経済分析」（共著）2004 年度特別委託研究、日本郵政公
　社近畿支社貯金事業部

加納正二（2005b）「中小企業の成長性とリレーションシップバンキング－静岡県の事例」『経
　営情報研究』第 12 巻、第 2 号、摂南大学

加納正二（2005c）「中小企業と地域金融機関のリレーションシップとは何か－大阪府のケー
　ススタディー」『国際公共政策研究』第 9 巻、第 2 号、大阪大学

加納正二（2005d）「リレーションシップと付利行動」堀江康熙編『地域金融と企業の再生』
　中央経済社

加納正二（2006a）「関西地域におけるリレーションシップバンキングの実証分析と地域金融
　機関の課題」『大銀協フォーラム平成 16 年度研究助成論文集』第 10 号、社団法人大阪銀行
　協会

加納正二（2006b）「シンジケートローン業務の取組と地域銀行に及ぼす影響」平成 17 年度
　日本郵政公社近畿支社委託研究、日本郵政公社近畿支社

加納正二（2006c）「メインバンクを変更する中小企業の特徴」
RIETI Discussion Paper Series 06-J-005、独立行政法人経済産業研究所

加納正二（2006d）「日本におけるリレーションシップレンディングとソフト情報」『国際公共
　政策研究』第 11 巻、第 1 号、大阪大学

加納正二（2007）「リレーションシップバンキングはどのような場合に中断されるのか」筒井
　義郎・植村修一編『リレーションシップバンキングと地域金融』日本経済新聞社

加納正二（2008a）「地域金融・中小企業金融の研究」『経済学・経営学・法学へのいざない』
　大阪公立大学共同出版会

加納正二（2008b）「日本の中小企業金融におけるソフト情報と財務諸表準拠貸出」『経営情報
　学部論集』第 22 巻、第 1・2 号、中部大学

加納正二（2009）「わが国のリレーションシップ貸出と不動産担保」『経済研究』第 55 巻、第
　1 号、大阪府立大学

加納正二（2010）「地域金融機関の貸出技術とビジネスモデル」『Review of Economics and
Information Studies』第 11 巻、第 1・2 号、岐阜聖徳学園大学

加納正二（2011a）「中小企業貸出におけるリレーションシップ数の決定要因」『Review of
Economics and Information Studies』第 11 巻、第 3・4 号、岐阜聖徳学園大学

加納正二（2011b）「銀行と中小企業のリレーションシップの期間」『Review of Economics and

Information Studies』第 12 巻、第 1・2 号、岐阜聖徳学園大学

加納正二（2012a）「信用金庫における soft information と営業活動」『Review of Economics and Information Studies』第 12 巻、第 3・4 号、岐阜聖徳学園大学

加納正二（2012b）「地域金融機関における人的資源とソフトインフォーメイション」『Review of Economics and Information Studies』第 13 巻、第 1・2 号、岐阜聖徳学園大学

加納正二（2013a）「地域金融機関における貸出戦略とリレーションシップ貸出」『Review of Economics and Information Studies』第 13 巻、第 3・4 号、岐阜聖徳学園大学

加納正二（2013b）「貸出業の比較経済分析」『Review of Economics and Information Studies』第 13 巻、第 3・4 号、岐阜聖徳学園大学

加納正二（2014a）「リレーションシップ貸出と地域金融機関の ROA」『Review of Economics and Information Studies』第 14 巻、第 3・4 号、岐阜聖徳学園大学

加納正二（2014b）「CSR 戦略と地域金融機関の役割」『Review of Economics and Information Studies』第 15 巻、第 1・2 号、岐阜聖徳学園大学

観光庁 HP『訪日外国人の消費動向 平成 26 年 年次報告』

金融ジャーナル『金融マップ各年版』金融ジャーナル社

金融ジャーナル（2003,2004,2007,2011,2017）『金融ジャーナル』11 月号

金融ジャーナル（2010）『金融ジャーナル』12 月号、金融ジャーナル社

金融ジャーナル（2011）『金融ジャーナル』9 月号、金融ジャーナル社

金融庁（2003）「リレーションシップ・バンキングの機能強化に向けて」金融審議会報告書

金融庁（2005）「リレーションシップ・バンキングの機能強化に関するアクションプログラム」

金融庁（2005）「地域密着型金融の機能強化の推進に関するアクションプログラム」

金融庁（2016）「平成 28 事務年度 金融行政方針」

金融庁（2017）「平成 29 事務年度 金融行政方針」

金融庁「平成 26 事務年度 金融モニタリング基本方針」

金融図書コンサルタント社(1997)『平成 10 年版全国信用金庫名鑑』

経済産業省（平成 20）「ソーシャルビジネス研究会報告書」

経済産業省（平成 21）「ソーシャルビジネス 55 選」

経済法令研究会編（2007）『金融ＣＳＲ総覧』

公益社団法人矢野恒太郎記念会（2012）『データで見る県勢 2012』

国土交通省 HP「株式会社みずほ銀行 銀行店舗における全国的なバリアフリー化」

（財）大阪産業振興機構（2007）『中小企業等金融新戦略事業事例集 未来を拓く 挑戦する企業たち』

酒井篤司・古坂真由美・椎原秀雄（2016）『農業法人経営の見方』ビジネス教育出版

CDI 代表 川添登・榊田喜四夫編（昭和 48）『コミュニティ・バンク論』鹿島出版会

CDI 代表 川添登・榊田喜四夫編（昭和 53）『コミュニティ・バンク論Ⅱ』京都信用金庫

全国信用組合中央協会 HP

総務省統計局（2014）『人口推計平成 25 年 10 月 1 日現在』

ダイヤモンド社（2018）『週刊ダイヤモンド』2018 年 7 月 28 日号、ダイヤモンド社

高橋克英（2010）『アグリビジネス』近代セールス社

高橋俊樹（1997）『稟議書の書き方・考え方の基本』金融財政事情研究会

高橋俊樹（2006）『融資審査』金融財政事情研究会

中小企業庁 HP「信用補完制度の見直し」

中小企業庁編（2003）「金融環境実態調査」（2002 年 11 月）『中小企業白書 2003 年版』

中小企業庁編（2004）『中小企業白書 2004 年版』

中小企業庁編『中小企業白書各年版』

通商産業省編（1976）『新しい経営力指標』

帝国データバンク（1980、1990、2000）『帝国データバンク会社年鑑』

東洋経済新報社（2018）『週刊東洋経済』2018 年 6 月 2 日号

東洋経済新報社（2011）『CSR 企業総覧 2012』

内閣府「国民経済計算」

内閣府（2014）『平成２５年版高齢社会白書』

内閣府『平成 21 年度高齢者の日常生活に関する意識調査』

日本銀行 HP

農林水産省 HP「国内総生産に関する統計」

野村総合研究所（2013）『プライベートバンキング戦略』東洋経済新報社

廣住亮（2003）「中小企業金融とリレーションシップ・バンキング」『信金中金月報』第 2 巻、
    第 10 号

広田真一（1997）「日本のメインバンク関係 1964－1992」『経済学論叢』第 48 巻、第 3 号

古江晋也（2011）『地域金融機関の CSR 戦略』新評論

堀内昭義・福田慎一（1987）「日本のメインバンクはどのような役割を果たしたか？」『金融
    研究』第 6 巻、第 3 号、日本銀行金融研究所

堀江康熙（2004a）「企業の取引銀行数の決定要因」『経済学研究』（九州大学）第 70 巻、第 4・
    5 号、pp.287-309.

堀江康熙（2004b）「地域金融機関と関係型取引」堀江康熙編『地域経済の再生と公共政策』
    中央経済社

増島雅和・堀天子編（2016）『FinTech の法律』日経 BP 社

山上聰（2017）『金融デジタルイノベーションの時代』ダイヤモンド社

ムハマド・ユヌス著、猪熊弘子訳（2008）『貧困のない世界を創る』早川書房

ムハマド・ユヌス著、猪熊弘子訳（2010）『ムハマド・ユヌス自伝』早川書房

ムハマド・ユヌス著、千葉敏生訳（2010）『ソーシャル・ビジネス革命』早川書房

ムハマド・ユヌス著、山田文訳（2018）『3 つのゼロの世界』早川書房

ユヌス教授のソーシャル・ビジネス制作委員会（2016）『ユヌス教授のソーシャル・ビジネス』
株式会社滋慶出版

Angelini, P., Di Salvo, R. and Ferri, G. [1998]. "Availability and Cost for Small Businesses:
    Customer Relationships and Credit Cooperatives." *Journal of Banking and Finance*, vol.
    22, pp.925-54.

Aoki, M.and Patrick, H. [1994]. *The Japanese Main Bank System*, Oxford University Press.

Berger, A. and Udell, G. [1995]. "Relationship Lending and Lines of Credit in Small Firm
    Finance." *Journal of Business*, vol.68, pp.351-82.

Berger, A. and Udell, G. [1998]. "The Economics of Small Business Finance: The Roles of
    Private Equity and Debt Markets in the Financial Growth Cycle." *Journal of Banking
    and Finance*, vol.22, pp.613-73.

Berger, A. and Udell, G. [2001]. "Small Business Credit Availability and Relationship
    Lending: The Importance of Bank Organizational Structure." *FRB Finance and
    Economics Discussion Series*, 2001-36.

Berger, A., N. Miller, M. Petersen, M. Rajan and J. Stein. [2004]. "Does Function Follow

Organizational Form? Evidence from the Lending Practices of Large and Small Banks." *NBER Working Paper Series*, No.8752.

Berlin, M. and Mester, L. [1998]. "On the Profitability and Cost of relationship lending." *Journal of Banking and Finance*, vol.22, pp.873-97.

Blackwell, D. W., Winters, D. B. [1997]. "Banking Relationships and the Effect of Monitoring on loan pricing." *Journal of Financial Research*, vol.20, pp.275-89.

Boot, A. W. A. [2000]. "Relationship Banking: What Do we know?" *Journal of Financial Intermediation*, vol.9, No.1, pp.7-25.

Cole, R. [1998]. "The Importance of Relationships to the Availability of Credit." *Journal of Banking and Finance*, vol.22, pp.959-77.

Degryse, H. and Van Cayseele, P. [2000]. "Relationship Lending within a Bank-Based System: Evidence from European Small Business Data." *Journal of Financial Intermediation*, vol.9, No.1, pp90-109.

DeYoung, R., Goldberg, Land White, L. [1999]. "Youth, Adolescence, and Maturity at Banks: Credit Availability to Small Business in Era of Banking Consolidation." *Journal of Banking and Finance*, vol.23, pp.463-92.

Diamond, DougLas W. [1984]. "Financial Intermediation and Delegated Monitoring." *Review of Economic Studies*, vol.51, No.3. pp.393-414.

Elsas, R. [2005]. "Empirical Determinants of Relationship Lending." *Journal of Financial Intermediation*, vol.14, pp.32-57.

Elsas, R. and Krahnen, J. [1998]. "Is Relationship Lending special? Evidence from Credit-File data in Germany." *Journal of Banking and Finance*, vol.22, pp.1283-316.

Fried, J. and P.Howitt [1980]. "Credit Rationing and Implicit Contract Theory." *Journal of Money, Credit, and Banking*, vol.12, No.3, Aug. pp.471-87.

Gilbert, R. A. [1984]. "Bank Market Structure and Competition: A Survey." *Journal of Money, Cedit, and Banking*, vol.16, No.4, pp.617-60.

Greenbaum, S., Kantas, G. and Venezia, I. [1989]. "Equilibrium Loan Pricing under the Bank-Client Relationship." *Journal of Banking and Finance*, vol.13, pp.221-35.

Hancock, D. and Wilcox, J. [1998]. "The Credit Crunch and the Availability of Credit to Small Business." *Journal of Banking and Finance*, vol.22, pp.983-1014.

Harhoff, D. and Koerting,T. [1998]. "Lending Relationships in Germany: Empirical Results from Survey Data." *Journal of Banking and Finance*, vol.22, pp.1317-54.

Hauswald, R. and R. Marquez [2006]. "Competition and Strategic Information Acquisition in Credit Markets," *Review of Financial Studies*, vol.19, pp.967-1000.

Hirschman, A. O. [1970]. *Exit, Voice and Loyalty*, Cambridge: Harvard University Press

Hodgman, D. R. [1963]. *Commercial Bank Loan and Investment Policy*. Bureau of Economic and Business Research, University of Illinois, Urban-Champaign.

Horiuchi,T. [1994]. "The Effect of Firm Status on Banking Relationships and Loan Syndication. In Aoki, M. and Patrick, H.,eds., *The Japanese Main Bank System*, pp.258-94, Oxford,Oxford University Press.

Horiuchi, T., Packer, F. and Fukuda, S. [1988]. "What Role Has the Main Bank Played in Japan? " *Journal of Japanese andInternational Economies*, vol.2, pp.159-80.

Houston, J. and James, C. [1996]. "Bank Information Monopolies and the Mix of Private and Public Debt Claims." *Journal of Finance*, vol.51, pp.1863-89.

Jayaratne, J. and Wolken, J. [1999]. "How Important are Small Banks to Small Business Lending? New Evidence from a Survey to Small Business." *Journal of Banking and Finance*, vol.23, pp.427-58.

Jovanovic, B. [1979]. "Job Matching and Theory of Turnover." *Journal of Political Economy,* vol.87, No.5, pp.972-90.

Kano Masaji and Yoshiro Tsutsui [2003a]. "Geographical Segmentation in Japanese Bank Loan Markets." *Regional Science and Urban Economics*, vol.33, No.2. pp157-174.

Kano Masaji and Yoshiro Tsutsui [2003b]. "Adjusted Interest Rates and Segmentation Hypothesis of Japanese Bank Loan Markets." *Osaka Economic Papers*, (『大阪大学経済学』) June, vol.53, No.1, pp.1-15.

Ongena, S. and Smith, D.C. [2000a]. "Bank relationships: A Review." In Patrick T. Harker and Stavros A.Zenios,eds., *Performance of Financial Institutions*, Cambridge University Press, Cambridge, U.K.

Ongena, S. and Smith, D.C. [2000b]. "What Determines the Number of Bank Relationships? Cross-Country Evidence." *Journal of Financial Intermediation*, vol.9, pp.26-56.

Ongena, S. and Smith, D.C. [2001]. "The Duration of Bank Relationships." *Journal of Financial Economics,* vol.61, pp.449-75.

Peek, J. Rosengren, E. [1998]. "Bank Consolidation and Small Business Lending: It's not just Bank Size that Matters." *Journal of Banking and Finance*, vol.22, pp.799-820.

Petersen, M. and Rajan, R. [1994]. "The Benefit of Lending Relationships: Evidence from Small Business Data." *Journal of Finance*, vol.49, pp.3-37.

Petersen, M. and Rajan, R. [1995]. "The Effect of Credit Market Competition on Lending Relationships." *Quartely Journal of Economics*, vol.110, pp.407-43.

Sheard, P. [1989]. "The Main Bank System and Corporate Monitoring and Control in Japan." *Journal of Economic Behavior and Organization*, vol.11, No.3, pp.399-422.

Sharpe, S. A. [1990]. "Asymmetric Information, Bank Lending and Implicit Contracts: A Stylized Model of Customer Relationships." *Jouranal of Finance*, vol.45, pp.1069-87.

Strahan, P. and Weston, J. [1998]. "Small business lending and the changing structure of the banking industry." *Journal of Banking and Finance*, vol.22, pp.821-45.

Sunamura, S. [1994]. "The Development of Main Bank Managerial Capacity." In Aoki, M. and Patrick, H., eds., *The Japanese Main Bank System*, pp.258-94, Oxford, Oxford University Press.

Thakor, A. and Udell, G. [1987]. "An Economic Rationale for the Pricing Structure of Bank Loan Commitments." *Journal of Banking and Finance*, vol.11, pp.271-89.

Thakor, A. [2000]. "Editorial Overview: Relationship Banking." *Journal of Financial Intermediation*, vol.9, pp.3-5.

Wood, J. H. [1975]. *Commercial Bank Loan and Investment Behavior.* Wiley, New York.

著者紹介

加納　正二（かのう　まさじ）

1957 年、岐阜県生まれ。
大阪大学大学院国際公共政策研究科博士後期課程修了。博士（国際公共政策）。
大阪大学助手、大阪府立大学教授を経て、
現在、岐阜聖徳学園大学経済情報学部教授、大学院経済情報研究科科長。
専門は日本経済論。
主要著書
『江戸の働き方と文化イノベーション』三恵社（近刊予定）
『リレーションシップバンキングと地域金融』日本経済新聞社（共著）
『地域金融と企業の再生』中央経済社（共著）（平成17 年度中小企業研究奨励賞準賞）
『京都の地域金融』日本評論社（共著）
『経済学・経営学・法学へのいざない』大阪公立大学共同出版会（共著）

地域密着型金融の限界とフィンテック

2018年12月 1日　　初版発行
2021年 4 月 1日　　第2刷発行

著　者　　加納　正二

発行所　　株式会社　三恵社
〒462-0056 愛知県名古屋市北区中丸町2-24-1
TEL 052（915）5211
FAX 052（915）5019
URL http://www.sankeisha.com

ISBN978-4-86487-984-2 C0033